KB058641

마음 약국

감정이 일상을 지배하지 않게,
오늘의 기분을 돌보는 셀프 심리학

마음 약국

이현수 지음

RHK
알에이치코리아

1부   당신은 이미 마음 약사이다

인생의 사라진 시간들

"우울증에 빠져 있는 동안 아들 녀석한테 신경을 못 썼더니 언젠가부터 삐딱 선을 타네. 대학 가고 군대까지는 겨우 마쳤는데, 도무지 아무 일도 안 하려 하고 하루 종일 게임만 하고, 뭐라고 하면 엄마가 언제 자기한테 관심이나 있었냐고 대들고. 나는 그래도 네 말 듣자마자 심리상담을 바로 받았는데, 얘는 그것조차도 거부해. 어휴, 내 인생에서 몇 년이 사라진 느낌이야. 기억상실증 환자처럼 아무 기억이 안 나. 어느 날 정신을 차려보니 어느새 커져 버린 아들이 내게 막 화를 내고 있는 거야."

만약 어떤 사람이 몸이 아파서 오래 누워 있었다면 가족들은 비록 힘은 들 망정, 그 사람을 비난하지는 않을 것이다. 하지만 우울증에 걸리면 마치 직무유기를 한다는 듯이 엄청나게 비난하곤 한다. 그 사람은 정신이 아파서 누워있는 것인데 말이다. '사라진 몇 년'이라는 그녀의 표현은 우울증으로 고생하는 사람들의 상태를 정확하게 묘사하는 단어인지도 모르겠다.

그녀처럼 많은 사람들이 우울로 인해 사라진 1년, 혹은 3년 등을 갖고 있을 것이다. 심지어 어떤 사람에게는 30년이기도 하다.

직업이 약사인 그녀는 본래 한 번도 불안하거나 당황하는 모습을 보인 적이 없었던 친구였다. 단아하고 담대했던 그녀는 주변 사람들이 건강의 문제로 곤경에 처했을 때 늘 해결사로 나서곤 했다. 나도 그녀의 혜택을 받았던 사람들 중 한 명이었다.

꽤 오래전 그녀를 포함한 친구들과 아이들을 데리고 1박 2일 여행을 간 적이 있는데, 당시 세 살이었던 내 아들이 밤중에 갑자기 열이 나면서 울음을 그치지 않았다. 미리 챙겼던 비상약 파우치가 웬일인지 보이지 않아 당황한 나는 병원 응급실에라도 가야 하나 안절부절못하고 있었는데, 그녀가 서류가방 만한 큰 상자를 들고 나타났다. 상자 안에는 체온계, 반창고, 붕대를 포함하여 온갖 약품이 들어 있었고 심지어 직접 조제해온 약도 있었다.

친구는 아이의 상태를 살펴보더니 소화 장애이거나 초기 감기일 수 있는데, 일단 감기 쪽으로 보고 약을 주겠다고 했다 (의약분업이 법제화되기 전의 일이다). 좌약 해열제와 감기용 시럽을 차분하게 아이에게 투여하는 동시에, 너무 덥지도 춥지도 않게 아이의 옷깃을 열었다 닫았다 하며 체온을 조절하는 모습에 조금의 흐트러짐도 없었다. 클래식 음악을 들으며 화초를 다루는 양 평화롭기만 했다. 아이가 편하게 잘 잔 것은 물론이다.

그 밤에 나를 비롯한 친구들이 그녀에게 보낸 무한한 감사와 찬탄의 눈길은 이후에도 끝없는 미담으로 반복되었다. 그녀의 아이들은 말할 것도 없고 가족들도 그녀의 조기 처방 덕분에 이를 빼야 할 때 말고는 병원 문턱에도 가본 적이 없다고 했다. 혈압을 다스리고 눈을 보호하고 면역력을 높이는 약들을 시기적절하게 제공하는 그녀는 가족들에게도 없으면 안 될 사람이었으며 동네에 효녀, 효부로 소문이 자자했다. 심지어 본인의 건강까지 잘 지켜냈다. 건강검진에서 담당 의사로부터 간 기능 저하가 의심되므로 3개월 후 재검사를 해보자는 말을 들었을 때 그녀는 식이요법, 운동요법에 자신의 온 지식을 동원한 자가 처방을 더하여 3개월 후 정상 소견을 받았다.

하지만 차돌같이 단단했던 그녀도 우울증 앞에서는 속수무책이었다. 가장 친한 친구에게도 속사정을 얘기하지 않고 심지어 어머니 장례식에조차 아무도 부르지 않을 정도로 증세가 심해졌다. 나중에야 자신이 약사인데도 어머니의 건강을 지켜내지 못했다는 죄책감이 심했던 것을 알게 됐다. 나는 그녀기 죄책감을 느끼지 않아도 될 이유를 바로 그 자리에서 수십 가지도 댈 수 있었지만 직접 연락하는 것조차 쉽지 않았다. 할 수 없이 "약물치료만으로 효과가 없으면 심리치료도 같이 받아보라."는 말을 친구를 통해 전하면서 사는 곳 근처의 믿을 만한 심리상담실을 추천했다.

그리고 몇 년 후, 친구 아버지의 장례식장에서 우연히 만난 그녀는 '인생의 사라진 시간'을 말했다. 그토록 총명하고 너그럽기까지 했던, 하루 24시간이 모자랄 정도로 꽉꽉 넘치게 살던 그녀가 예상치도 못한 우울증으로 인생의 몇 년이 사라진 것은 아이러니하게도 약사라는 직업 때문이었는지도 모른다. 자신의 우울증을 처음 자각했을 때 그녀는 으레 그래왔듯이 자신이 알고 있는 모든 지식을 동원하여 최상의 약물치료를 받았을 것이다.

다만 그녀는 약과 함께 마음도 다스려야 한다는 것을 몰랐다. 어머니의 병과 죽음으로 인한 슬픔이 가슴에 사무쳤더라도 자신의 잘못이 아닌데 죄책감을 느끼지는 말았어야 했다. 그때는 여유가 없어서 당장 그렇지 못 했더라도 몇 년이나 부여잡고 있지는 말았어야 했다. 그녀가 마음 약사까지 되었더라면 얼마나 좋았을까.

우리는 모두 '마음 약사'가 되어야 한다. 몸이 아픈 초기에 약사가 발 빠르게 처방해 병을 크게 키우지 않듯이 마음 약사가 되면 마음이 무너지기 시작할 때 조기 개입을 할 수 있다. 약사라고 해서 모든 병을 치료할 수 없듯이 마음 약사가 된다고 해서 모든 심리적 문제를 해결할 수는 없지만, 최소한 마음의 짐이 쓸데없이 부풀려지는 것은 막을 수 있다. 이 정도만 해도 우리 인생의 어느 시기가 통째로 사라지는 것은 충분히 막을 수 있다. 그러니 마음 약사가 되는 것은 선택의 문제가 아니라 행복을 원하는 사람이라면 반드시 해내야 할 일이다.

당신은 이미 마음 약사이다

마음 약사는 '내 행복은 내가 조제한다'는
신념을 갖고 매일 조금씩 행복을 만들어낸다.
때로는 약간의 조제로는 어림도 없는
깊은 감정에 압도되기도 하지만,
꿋꿋하게 자신의 할 일을 해낸다.
일반 약사가 약국의 선반에서 약을 꺼내는 것과 달리,
마음 약사는 자신의 뇌에서 약을 꺼내는 게 다를 뿐이다.

우리 머릿속에 약국이 있다

미국의 정신과 의사인 제임스 보그는 《마음의 힘》에서 '뇌는 약국과도 같다. 24시간 내내 약을 조제한다.'고 했다. 우리 뇌에 약국이 있다니 엄청난 희소식이다. 아주 심하지 않은 상태라면 얼마든지 자가 치료가 가능하다는 얘기다. 알고 보니 우리는 자체 약국을 가진 큰 부자였던 것이다.

지갑이 두둑하면 마음이 든든해서 무얼 하더라도 즐기면서 느긋하게 해내듯이, 자원은 이미 충분하니 실력 있는 마음 약사가 되어 뇌 약국을 잘 운용하기만 하면 되겠다. 그런데 뇌에서 쉴 새 없이 약을 조제한다는데도 우울증은 왜 생기는 걸까?

비유를 해보자면, 어떤 약이 떨어졌기 때문이다. 여기서 약이란 신경전달물질을 말한다. 대표적으로 '세로토닌'이라는 신경전달물질이 부족하면 우울증이 발생하며, 항우울제란 결국 이 물질의 양을 늘려주는 약이다. 즉 당신의 약국에 필요한 약이 없어서 외부로부터 조달받는 것이 우울증 약을 먹는 것이라고 할 수 있다.

하지만 외부로부터 조달받자니 돈도 들고 시간도 들고 에너지도 빼앗기며 날씨가 험하거나 사고가 나서 제때 받지 못하게 될 수도 있다. 심지어 약국에 잘 맞지 않는 약이 들어와 부작용이 생기기도 한다. 입 마름, 사고력 저하, 손발 떨림, 체중 증가, 성욕 저하, 심한 처짐 등 나타나는 증상도 다양하다. 이러니 외부 조달에만 의존해서는 안 되며 자구책을 갖고 있어야 한다.

이것이 마음 약사가 하는 일이다. 즉, 마음 약사는 이 귀한 약을 자체 조제할 줄 알아야 한다. 뇌는 약국과 같다고 했으니 뇌에게 명령을 내리면 조제는 간단하다. "세로토닌을 분비해!" 하지만 뇌는 이런 명령을 알아듣지 못한다. 아니, 그런 명령은 무시하라고 프로그램되어 있는 게 더 정확하다. 마치 우리가 심장에게 "당장 멈춰!"라고 명령해도 듣지 않는 것처럼 말이다.

주인이 내리는 명령이 궁극적으로 무슨 의미인지 정확하게 해독하기까지는, 특히나 주인을 해칠 수도 있는 명령은 걸러내야 하므로 뇌는 일방적인 명령을 듣지 않는다. 다행히 우회적인 명령은 좋아한다. 뇌에게 직접 명령을 내릴 수는 없겠지만 간접적으로 뇌에 개입하는 방법이 있다.

비로 우리의 '생각'이다. 뇌는 세로토닌을 분비하라는 직접 명령어는 못 알아듣지만 '안심이다', '다행이다'라는 긍정적인 생각에는 즉각 세로토닌을 분비한다.

이는 로마시대 음유시인 이야기를 떠올리게 한다. 한 음유시인이 낯선 동네를 지나가다가, 결혼식이 열리는 부잣집에 들어가 초대받은 손님인 척 가장하고 시 낭송까지 해주면서 배불리 먹었다. 동행했던 친구가 그 집에서 결혼식이 열리는 걸 어떻게 알았냐고 질문했더니 시인은 "그걸 꼭 직접 알아야 하나? 많은 말과 소, 돼지가 들어가고, 시종들이 끊임없이 물을 길어 나르고, 동네 사람들이 즐거운 표정으로 그 집 대문 안을 흘낏거리니 연회가 열리는 게 분명하지 않겠는가?"라고 말했다.

잔칫집이 어디인지 직접 알든 모르든, 시인이 진짜 초대를 받았든 안 받았든, 그건 중요하지 않다. 잔칫집이라 생각하고 시인인 척하고 있으면 그다음에는 행복하게 배불리 먹을 일만 남는 것이다. 뇌는 그렇게 움직인다.

제임스 보그의 표현을 빌어 이 말을 좀 더 과학적으로 이해해보자. 그는 우리가 하는 모든 생각과 그에 따른 감정은 화학물질을 방출하는데, 이 물질은 혈류를 타고 몸 안을 순환한다고 했다.

또한 뇌 중에서도 감정 중추인 변연계는 '약국'의 중심으로 사고 또는 외부 상황에 기초해서 어떤 화학물질을 분비할 것인지 결정한다고 했다. 따라서 부정적인 사고가 긍정적인 사고로 바뀌면 변연계의 반응도 달라진다는 것이다. 보그가《마음의 힘》에서 말한 내용을 공식화해본다면 다음과 같다.

'좋은 생각을 하면 좋은 감정이 생긴다.'
'좋은 감정이 생기면 좋은 화학물질이 생성된다.'
'좋은 화학물질이 생성되면 기분이 좋아진다.'

좋은 화학물질에는 세로토닌, 옥시토신, 도파민, 노르에피네프린, 엔도르핀 등 지금까지 30가지 이상의 신경전달물질과 호르몬이 밝혀졌다. 다만, 여기서는 이해를 쉽게 하기 위해 세로토닌으로 좁혀 얘기를 풀고자 한다.

실제로 세로토닌은 모든 신경전달물질과 호르몬의 대장 격으로 간주된다. 생체 의학 박사인 캐롤 하트는 《세로토닌의 비밀》에서 "세로토닌은 우리의 기분이나 식욕, 수면, 통증을 조절하는 신체의 가장 핵심적인 요소이다. 세로토닌 시스템은 뇌에서 단일 시스템으로서는 가장 크며 모든 신경전달물질을 조정하고 통제한다."고 밝힌 바 있다.

좋은 생각은 좋은 물질을, 나쁜 생각은 나쁜 물질을 분비한다고 했다. 이를 일상생활과 연결시켜보자. 누군가 당신의 말을 무시해서 '날 무시해?'라고 생각하는 순간 당연히 기분이 나빠지고 나쁜 물질인 스트레스 호르몬이 분비되고 세로토닌은 저하된다. 하지만 이때 정신을 바짝 차리고 '저 사람, 기분 나쁜 일이 있나 보다'라고 생각하는 순간 기분이 안정된다. 그러면 바로 좋은 물질인 세로토닌이 분비된다.

세상 단순한 이 공식을 받아들인다면 마음 약사가 할 일은 최대한 긍정적인 생각을 하는 것이다. 그러면 아주 쉽게 세로토닌이 분비된다. 굳이 외부에서 가져올 필요가 없다.

우울증 완화에 관심 있는 사람들은 '긍정적으로 생각하기'의 중요성을 들어봤을 것이다. 하지만 왜 그래야 하는지 명확한 이유는 몰랐을 수도 있겠는데, 앞에서도 말했듯이 긍정적인 생각이 즉시 뇌에서 좋은 물질을 분비하기 때문이다.

친구도, 심지어 가족도 타인이다

마음 약사가 되는 것은 현대 사회에서 먹고사는 문제 다음으로 중요하다고 생각한다.《희망 버리기 기술》의 저자 마크 맨슨은 '진보의 역설' 부분에서 역사상 어떤 시대보다 사람들이 더 오래 살고 많은 부가 존재하므로 지구의 상황이 어느 때보다 좋다고 주장하는 지식인들의 견해를 반박한다. 그 근거로 미국에서 성인인구 기준으로 우울증과 불안장애가 20년 동안 증가했고, 우울증을 경험하는 연령이 낮아지고 있다는 통계를 제시한다.

또한 미국인의 절반 가까운 사람들이 자신의 삶에서 소외, 고립, 고독을 느낀다면서 1980년대에 진행한 설문조사에서 "지난 6개월 동안 중요한 개인적 문제에 관해 몇 명과 상의했나?"고 물었을 때 가장 많이 나온 답변은 "3명"이었지만, 2006년 같은 설문조사에서 가장 많은 답은 "0명"이었다는 구체적인 지표도 제시한다. 그는 기본적으로 우리는 세계 역사상 가장 안전한 시대를 사는 가장 번영한 인류이지만, 그 어느 때보다 절망적이라며 이것이 '진보의 역설'이라고 말한다.

진보의 역설은 한국에서도 예외 없다. 세계 10위권의 경제력을 갖추고 있음에도 아동·청소년 불행 지수, 청년 자살률, 노인 자살률 등이 수년 동안 세계 최상위권인 데서도 여실히 드러난다. 통계를 제쳐 놓고라도, 당신은 위의 질문을 받았을 때 몇 명을 댈 수 있는가? 지금 당신의 문제를 거리낌 없이 상의할 수 있는 누군가가 떠오르는가? 아마도 '0명'에 해당하는 사람들이 훨씬 더 많을 것이다.

지금까지는 이런 세태에 대해 '인간성이 소실되는 심각한 사태'라며 '서로 어울려라, 이해해라, 양보하라, 공감하고 나누라.'는 조언만 난무했다. 하지만 나는 심리상담을 해오면서 이런 말이 그저 공염불에 그친다는 생각이 든다. 훌륭한 염불이면 뭐하나, 속이 비어서 실행하기가 어려운데…. 그런 교감을 나눌 사람들이 있다면 애당초 상담실에 왜 오겠는가? 내담자가 욕심이 많아서? 공감받을 능력이 부족해서? 반대로, 내담자에게 공감을 못 해주는 가족이나 친지는 야박하고 이기적이어서?

그보다는 모두가 마음이 황량하기 때문이다. 인정이 없다든지 무관심하다는 것과 다른 차원이다. 내담자와 주변 사람들이 겪는 소통 부족의 문제는 개인의 성격적 문제로만 보기에는 너무도 복잡한 사회문화적 소인들이 뒤엉켜 있다. 이제는 누가 우울하다는 말을 들어도 그를 위로할 마음의 여유가 없는 것이다. 그러니 "병원에 가봐. 약이라도 먹든지."라는 말 밖에 할 수가 없는 것이다.

모름지기 인생을 살려면 의사, 변호사, 목사 세 명의 친구는 꼭 있어야 한다는 얘기를 버릇처럼 꺼내던 고등학교 동창이 있었다. 아플 때, 곤란한 상황에 처했을 때, 마지막으로 죽을 때 각각 세 명의 친구가 있으면 인생이 편하다는 것이다. 그러면서 그 자리에 있었던 친구들을 한 명씩 지목하면서 "넌 의사, 넌 변호사, 넌 목사가 돼. 알았지?"라는 말까지 했다.

우리는 그녀에게 "네가 의사든 변호사든 하면 되지, 왜 우리한테 하래? 넌 뭐 할 건데?"라고 물었고, 그녀는 "난 그냥 놀 거야. 그 지겨운 공부를 어떻게 하니? 난 부자가 될 거야. 부자가 돼서 너희들을 비싼 값으로 쓸게."라고 말하는 것이었다. 친구들 중 두 명은 동시에 그녀의 등짝을 때렸는데, 한 명은 침착하게 이렇게 말했다. "네가 말하지 않아도 난 의사가 될 거니까 나중에 꼭 비싼 값으로 써라."

세월이 흘러 그 자리에 있었던 친구들 중 한 명만 변호사가 되었다. 그녀는 자기 말대로 부자가 되긴 했다. 단, 비싼 값은 아니고 딱 제값에 전문가를 부를 수 있을 만큼의 부자가 되었다. 그럼에도 그녀가 먼 훗날 이혼소송을 벌일 때 도움받았던 사람은 친구 변호사가 아니라 일면식도 없던, 유능하다고 소개받은 변호사였다. '때가 덕지덕지 묻은 내 인생을 친구에게 보여주기 싫다. 너무 자존심이 상한다.'는 게 이유였다.

막상 소송이 진행되자 남편의 오점이 알고 있던 것보다 몇 배나 크게 드러나게 되어 변호사 수임료는 애당초 설정했던 것보다 3배 이상 커져버렸다. 돈보다도 그녀를 더욱 힘들게 했던 것은 변호사의 태도였다. 이혼 상담을 했을 때만 해도 친동생같이 살뜰하게 그녀를 위로하고 100% 성공을 장담했던 변호사는 소송 과정에서 남편 측에서 제기했던 그녀의 실책이 일부분 사실로 밝혀지자 태도가 돌변하며 그녀를 힐난하기까지 했다. 몇 년 후 마침내 이혼은 이루어졌지만 그때까지 친구가 받은 마음고생은 이만저만이 아니었다.

친구가 전문가가 되어도 구질구질하게 보이기 싫어서 도움을 요청하지 못하고, 마음 편히 전문가를 쓰려 해도 그 비용에 마음이 편해지는 건 포함되지 않는다. 친구든 지인이든 타인을 통해 인생을 편하게 살기에는 '진보의 역설'의 입김이 너무도 센 시대가 되었다. 이 입김이 아주 센 곳에선 심지어 가족도 타인이다.

그러니 스스로 의사가 되어 건강을 챙기고, 스스로 변호사가 되어 자신을 변호하고, 심지어 스스로 목사가 되어 죽음에 대한 대비까지도 해야 할 판이다. 그 대비 중에 마음 약사가 단연코 1순위다. 외부 전문가는 돈만 있으면 얼마든지 도움을 받을 수 있으며, 실제로 이들의 도움을 받으면 삶의 질이 현격히 달라진다. 앞의 친구와 달리, 6년간 시달렸던 이혼 다툼을 변호사의 도움으로 단 3개월 만에 종결한 지인은 그 후 "돈으로 해결할 수 있으면 그게 가장 간단해."라는 말을 입에 달고 살았다.

하지만 우울할 때는 이 '세상 가장 간단한 일'도 해낼 수 없다. 그럴 에너지 자체가 없기 때문이다. 무엇보다도, 당신의 마음에 관한 가장 유능한 전문가는 바로 당신이다.

특성화 고등학교에 상담 자문을 간 적이 있다. 상담을 의뢰한 학생들 중에 잦은 결석으로 정상적인 수업 진행이 어려워 대안학교 전학이 거론되던 여학생이 있었다. 학교 측에서 자문받고자 했던 표면적인 문제는 전학시켜도 되는지에 대한 진로 적성 여부였지만, 내부적으로는 학생의 우울증으로 인한 생활 관리 문제로 골머리를 앓고 있었다. 이 학생이 우울증이 심하여 수업 시간 내내 엎드려 있는 데다가 의존성이 높아서 점심 시간에 누가 밥 먹으러 가자고 하지 않으면 그냥 굶는다는 것이다.

우울로 인한 교실 행동 문제야 학교 상담실에서 지속적인 상담을 통해 개선할 수 있겠지만, 점심을 굶는 것은 상담을 통해서만 해결하기에는 촉박한 문제였다. 교사가 손을 끌고 가는 것도 사춘기 아이들의 세계에서는 기이한 모습일 것이었다. 결국 친구들의 도움이 필요하다는 생각이 들어 교감 선생님께 이 학생을 함께 급식실로 데리고 갈 친구를 암암리에 정하면 어떻겠냐고 제안했다. 정서적으로 좀 더 안정된 친구가 도움을 준다면 이 학생도 숨통이 트이지 않겠나 해서였다.

그런데 교감 선생님의 답변은 정말로 숨통이 막혔다.

"우리도 그 방법을 생각해봤죠. 그런데 그렇게 안정된 애들을 도저히 찾을 수가 없어요. 이 학생이 좀 더 힘들어할 뿐이지 다들 문제가 있어요. 이 학생은 우울하지만 다른 애들은 반항하고 싸우죠. 한번은 그래도 좀 안정되어 보이는 부반장을 이 학생이랑 붙여놓았거든요. 이틀 정도 같이 점심을 먹긴 했는데, 이 학생이 수업 시간에 혼자 나와서 4층 창가에 오래 앉아 있었던 적이 있었어요. 나중에 물어보니 자살하려는 건 아니었다고는 했는데, 이 얘기를 들은 부반장 부모가 교무실에 쳐들어와서 만에 하나 그 아이가 뛰어내리면 붙여놓았던 우리 애가 뭐가 되냐, 괜히 책임 추궁당하고 경찰서 가고, 그러다가 생기부에 기록돼서 대학 못 가면 학교에서 책임질 거냐, 무엇보다 친구가 죽으면 심리적 충격은 또 얼마나 크냐고 거세게 항의하는 바람에 없던 일로 되어버렸죠. 솔직히 말하면 이 부모의 마음이 이해될 정도로 요즘 아이들, 누가 누구를 도와줄 상태가 못 돼요."

고깟 "밥 먹으러 가자."는 말 한마디에 이토록 복잡한 사정이 얽혀있는 세상이란다. 굳이 호의를 베풀겠다면 '만에 하나 사고가 일어나도 내 책임은 없다'는 확인서라도 받아야 할 판이다.

그래도 고등학생 때까지는 부모의 지원이라도 최대한 끌어볼 수 있다. 미성년자 보호라는 명목으로 부모에게 적극적인 개입을 요청할 수도 있다. 하지만 더 이상 교복을 입지 않는 성인이 되면 지원자를 찾는 것은 더욱 어려워진다.

심지어 성인이 되었는데도 여전히 밥 먹는 문제가 스트레스인 사람들이 많다. 한 30대 청년이 회사에서 점심시간 전에 5분만 자리를 비워도 그사이에 동료들이 자기들끼리만 썰물처럼 빠져나가서 혼자 사발면을 먹을 때가 많다고 했다. 내가 자기를 딱하게 쳐다본다고 생각했는지 청년은 얼른 다음 말을 덧붙였다.

"뭐, 아무도 없는 사무실에서 클래식 음악 틀어놓고 사발면 먹는 것도 나름대로 운치가 있어요."

내가 자신의 말을 변명으로 듣는 것처럼 느꼈는지 그는 얼른 다음 말을 덧붙였다.

"그래도 전 나은 편이에요. 그 사람들이 나를 일부러 따돌리는 건 아니거든요. 다들 바빠서 그렇지. 무슨 김밥남 같은 건 아니라고요."

"김밥남? 그게 뭔데요?"

"어떤 직장인이 회사에서 왕따를 당해서 점심시간에 늘 화장실에서 김밥을 먹는데, 밥 먹는 소리가 옆 칸에 들릴까 봐 단무지를 꼭 빼달라고 주문한다는 거예요."

"사실이에요, 누군가 지어낸 얘기예요?"

"인터넷에 떠돌았던 얘기인데 공감하는 사람들이 많았어요."

이토록 웃픈 얘기에 공감하는 사람들이 많다는 것을 잠시 안타깝게만 여기기엔, 왠지 이런 모습이 일시적이지 않을 것 같다는 묵직한 예감이 든다. 설사 공감과 위로를 해줄 사람이 있다 해도, 내담자들이 마음을 금방 터놓지 못해서 그들을 멀어지게도 한다. 좋은 관계를 유지하는 것은 너무도 필요하고 바람직한 것이지만, 실상을 무시한 채 무턱대고 바랄 수만은 없다.

모두 마음의 여유가 없는 세상에서는 심리적 독신獨身으로도 잘 살 수 있어야 한다. 혼밥, 혼술만 할 게 아니라 혼행, 즉 혼자서도 행복하게 사는 법을 알아야 한다. 이렇게 생각하자. 혼자서도 행복하게, 같이 있으면 또 행복하게. '또'이지 '더'가 아니다. 혼행에 먼저 성공하자. 그래야 같이 사는 삶도 풍성해질 것이다.

생각의 방향을 바꾸는 습관

1부의 첫 장에서 생각의 중요성을 살펴보았다. 그렇다면 어떻게 '생각'해야 할까.

사실 우리는 스스로 무슨 생각을 하는지, 지금 긍정적인 생각을 하는지 일일이 '생각'하지 못한다. 생각의 속도가 너무 빠르기 때문이다. 무엇보다도 매시간 매초 생각을 파악하고 분류한다면, 좋은 물질이고 뭐고 간에 먼저 숨이 막혀 죽을 것이다.

숨을 쉬고 음식을 소화시키고 어딘가에서 날아오는 공을 피하고 어떻게 왔는지도 모른 채 집에 도착하는 등 안전과 관련한 본능적 행동과 무의식적 생각들은 우리의 의지와 무관하게 알아서 돌아간다. 그러니 일반적인 상황에서는 그냥 자동적으로, 하던 대로 사는 게 맞고, 또 그래야 한다.

이 부분은 특히 강박증 환자에게 중요하다. 강박증 환자는 모든 생각을 일일이 체크하고 반응한다. 그래봤자 빛의 속도로 지나가버리는 생각을 모두 잡는다는 건 불가능한데도 말이다. 그저 꼬리를 잡은 몇 가지 생각에 과하게 몰입할 뿐인데, 그 괴로움은 일반인의 상상을 초월한다.

이렇듯 생각을 파악하기 힘듦에도 '생각을 잘하자'고 하는 것은 무의식적이기도 하고, 본능적이기도 한 생각들을 거론하는 게 아니다. 자신의 생각에 '의식적으로' 관심을 기울여야 할 때가 있음을 말하는 것이다.

바로, 감정이 유난히 힘들 때이다. 감정이 당신을 갉아먹는 느낌이 들 때는 필연적으로 부정적인 생각을 하고 있는 것이다. 바로 그때 의식적으로 생각에 개입해야 한다.

생각에 개입할 때 가장 중요한 것은 생각의 방향을 바꾸는 것이다. 세부 내용은 부차적이다. 생각의 방향을 바꾼다니 얼핏 복잡하게 들리겠지만, 생각보다 쉽다. 생각의 방향이 애당초 세 가지밖에 안 되기 때문이다. '긍정적', '부정적', '중립적'. 물론 '양가적', '기타(잘 모르겠음)' 등까지 좀 더 세분화할 수도 있지만 핵심은 이 세 가지다.

잠깐 퀴즈, 생각의 방향을 바꾸자고 했을 때 긍정적인 생각을 부정적으로 바꾸자는 것일까, 부정적인 생각을 긍정적으로 바꾸자는 것일까? 답은 뻔하다. 그러니 또 쉽다.

그래도 예를 들어보자.

생각의 방향 바꾸기

1) 지금 당신을 괴롭히는 어떤 감정이 인식되는가? (ex. '화가 난다')

2) 그 감정에 똬리를 틀고 있는 어떤 생각이 인식되는가?

   (ex. '상사가 내게 뭐라 하다니, 저 또라이!') → 스트레스 호르몬 분비

3) 그 생각은 부정적인가, 긍정적인가? (ex. 100% 부정적이다)

4) 이제 방향을 바꾼다. 두 가지 방법이 있다.

    a. 중립적인 방향으로 바꾼다. (ex. '상사가 내게 뭐라 하다니… 뭐라 하다니… 뭐라 했구나… 그랬구나… 그래서 뭐?') → 세로토닌 분비

    b. 긍정적인 방향으로 바꾼다. (ex. '상사가 내게 뭐라 하다니… 빨리 지적받아서 다행이네. 다음 주에 전체 임원진들 앞에서 발표할 때 큰 실수를 할 뻔했네.') → 세로토닌 분비

'또라이!'라는 격한 감정 반응을 하면 스트레스 호르몬이 분비되지만, '그래서 뭐?'라고 대수롭지 않게 반응하거나 낙천적인 태도로 응하면 좋은 호르몬이 분비된다. 여기서 중요한 것은 반드시 긍정적으로 해석하지 않아도 된다는 것이다. 중립적으로만 생각해도 뇌에서는 관대하게도 세로토닌을 분비한다. 그러니 도저히 자존심이 상해서 상사를 긍정적으로 봐주기 싫다면, 최소한 중립적으로라도 꼭 바꾸어야 한다. 단순히 자존심 문제가 아니라 당신의 생명이 왔다 갔다 할 수도 있기 때문이다. 우울증이 심하면 모든 정기가 빠져나가 몇 년 이상의 인생 공백이 생기고, 심지어 자신의 생명까지 포기하고 싶은 상황에도 이르니 이 말은 절대로 과장이 아니다.

중요한 것은 생각의 방향임을 다시 한번 강조한다. 생각의 내용은 각자 그 상황에 맞게 만들면 된다. 모든 사람이 위의 사례처럼 상황을 종료할 수는 없을 것이다. 어떤 표현을 써야

마음이 가라앉는지 그것만 신경 쓰자. 생명 운운하며 다소 의미심장한 톤으로 말했지만, 사실 이 작업은 굉장히 재미있기도 하다. 당신이 무슨 내용으로 생각의 방향을 긍정적으로 바꾸든 그건 오로지 당신만이 안다. 어떤 내용은 무덤에 갈 때까지 비밀이 될 수도 있다. 나는 당신이 짓궂든 원색적이든 이기적이든 상관하지 않는다. 알 수도 없다.

내가 아는 사람은 직장에서 툭하면 나무라는 상사를 볼 때마다 오랑우탄이 가슴을 치는 장면을 떠올리며 '막돼먹은 오랑우탄이 소리친다'고 생각한다고 한다. 기분 나쁜 건 금방 없어지는데 자꾸 웃음이 터지려는 부작용이 있단다.

또 다른 사람은 팀원들이 말을 안 들을 때마다 펭귄들이 뒤뚱뒤뚱 걸으며 "안 들려, 안 들려." 소리치는 모습을 떠올린다고 한다. 기분은 빨리 좋아지는데 역시나 자꾸 웃음이 나오려 해서 권위가 서지 않는 부작용이 있단다.

그깟 부작용이 대수랴. 당신 스스로 소중한 마음이 상처받지 않도록 지켜내는 게 가장 신경 써야 할 일이다. 당신이 오늘 밤 잠자리에 누워 하루 동안 일어났던 일을 떠올릴 때, 가장 잘한 일은 스스로 목숨과 마음을 지켜낸 것이다. 숱한 사고의 위험과 히다한 모멸감에도 마음을 잘 간수해서 돌아온 지금, 당신이 진정한 승자이다. 승진 좀 늦으면 어떤가. 연봉 좀 안 올랐다고 뭐 대수인가. 몸과 마음만 건강하게 지켜내고 있으면 기회는 수도 없이 온다.

부정적인 생각이 들 때 긍정적으로 생각의 방향을 바꾸자고 했지만, 한 가지 더 알아야 할 것이 있다. 위와 같은 상황에서 '상사가 내게 뭐라 한' 상황 자체를 처음부터 중립적으로 볼 수만 있다면, 생각 바꾸기에 에너지가 덜 든다. 사실 중립적일 가능성이 훨씬 크지 않은가? 상사이니 당신을 평가할 권리가 있고, 사람은 무슨 말이든 할 자유가 있다고 생각하면 충분히 중립적으로 받아들일 수 있다.

그다음에는 당신이 고치든, 그를 무시하든 선택하면 되니까 굳이 처음부터 부정적으로만 받아들일 필요는 없는 것이다. 누가 무슨 말만 해도, 무슨 말을 하려고 당신 쪽으로 고개만 돌려도, 마음이 부르르! 확! 타오르는 것은 아닌지 살펴보고 중립적으로 받아들이는 연습을 수시로 해보자.

당신이 우울하다면, 혹은 불안하다면, 생각의 방향을 긍정적으로 바꾸는 습관을 몸에 새겨야 한다. 늘 그러라는 것이 아니다. 그건 불가능하기도 하다. 우리는 산에서 도 닦는 사람들이 아니지 않은가. 다만, 어떤 감정이 당신을 갉아 먹을 때는 반드시 이 훈련을 의도적으로, 가능한 빨리 해야 한다. 스트레스 호르몬이 당신을 점령하기 전에 말이다. 그래야 산다. 일단 살고, 그다음에 누가 당신에게 뭐라 하지 않게 당신이 변하든, 그를 변하게 하는, 아예 안 보든, 방법을 찾으면 된다.

보다 빨리 생각의 오류를 수정하려면

생각의 방향만 챙기고 있으면 세로토닌은 정체되지 않고 잘 분비된다. 이런 엄청난 힘이 있는데도 우리는 뇌를 '제대로' 쓰지 않는다.

심리치료 중에 인지치료가 좋은 효과를 보는 이유도 근본적으로는 생각의 방향을 바꿔주기 때문일 것이다. 사실, 인지치료뿐 아니라 모든 심리치료는 내담자를 안심시켜준다. '안심이다'의 상황이 되면 세로토닌은 분비된다. 인지치료는 이런 안심의 상황이 상담실을 벗어나도 유지될 수 있도록 생각의 오류를 수정하는 것을 핵심 목표로 한다.

전문가의 도움을 받으면 보다 빨리, 그리고 근본적인 수준에서 생각의 변환이 가능하다. 심지어 한 번의 도움으로도 생각의 큰 줄기를 바꿀 수 있고, 그러면 회복이 빠르다. 사람들은 흔히 심리치료가 시간이 너무 오래 걸린다며 불평하는데, 실제로 니의 경우에는 장기 상담보다 단기 상담이 훨씬 더 많으며, 심지어 한두 번 만에 상담이 끝날 때도 많다.

피아노를 전공하는 대학원생이 상담을 받으러 온 적이 있다. 넉넉지 않은 살림에도 실력 하나로 음악대학까지는 갔지만, 다음 단계로 올라가기 위해서는 콩쿠르 입선이 유일한 기회라고 생각하여 밤낮으로 연습에 매달렸다. 하지만 뜻대로 진도가 나가지 않아 너무너무 힘들고 우울하다고 했다. 그럴 때 어떻게 하냐고 물었더니 건반을 내리치거나 피아노 뚜껑을 거세게 닫고 연습실 건물의 옥상에 올라가 그냥 "엉엉" 운다고 했다. 정말로 "엉엉" 우느냐고 물었더니 정말이란다.

나는 "엉엉 울고 나면 속이 좀 시원하던가요? 우는 것 말고 다른 방법을 시도해본 적도 있나요?"라고 말했다. 그랬더니 그녀는 "저만 그런 거 아니에요. 제 주변 사람들은 다 그렇게 하는데요."라고 말했다.

"주변 사람이 다 그런다고 자신에게 맞는 방법이라 볼 수는 없어요. 자신에게 알맞은 다른 방법을 찾아보면 어떨까요? 엉엉 울면 그때는 속이 시원한 것 같지만 오히려 더 슬퍼지기도 하거든요. 슬퍼서 우는 게 아니라 우니까 슬프기도 해요. 유명한 심리학자가 100년 전에 한 말이죠."

그녀는 곰곰이 생각하기 시작했고, 곧바로 우리는 좀 더 건강하게 스트레스를 푸는 방법을 같이 찾기 시작했다. 무엇보다도, 연습이 잘 안 될 때 자동적으로 드는 나쁜 생각을 찾아 긍정적인 시각에서 다시 보도록 했다. 그녀는 이해력이 매우 빨라 치료에 필요한 점들을 속속 수용했다. 상담의 진행이 빠른 데서 자신의 우울증을 해결하기 위해 그동안 많은 노력을 해왔음을 알 수 있었고, 본인도 이 점을 시인했다.

"네, 제가 놓친 부분들이 있었네요. 저는 그래도 나름 노력을 많이 했어요. 밤마다 학교 운동장도 돌고요. 운동이나 먹는 것도 신경 쓰고 약을 먹기도 했고요."

"잘하셨습니다. 밤마다 달리기를 하는 건 안 하는 것보다는 좋지만, 우울증을 완화하려면 아침이나 낮에 뛰어야 해요. 우울증 치료에는 햇빛 쬐는 게 굉장히 중요한데 밤에는 해가 없잖아요. 연습 시간을 조정해서 운동 시간을 바꾸면 빨리 회복되실 거예요."

그녀는 돌아갔고 다시 상담을 오지는 않았다. 이후 다른 건 몰라도 아침에 뛰는 것만은 한 번도 거르지 않는다는 말을 들었고, 1년 후 콩쿠르에서 입선했다는 기쁜 소식을 들었다.

우리들은 모두 자신이 최선을 다하고 있다고 생각하고 완벽하게 알고 있다고 생각하지만, 새는 구멍이 있기 마련이다. 당신에게 잘 맞는다고 생각했는데 아니었음을 알게 되기도 하고, 고쳐야 하는 생활 습관이 있다는 것을 알게 되기도 한다.

전문가와 얘기하다 보면 이런 구멍을 금방 발견하게 되고 메꾸는 방법을 찾기도 쉽다. 그러니 힘에 부치면 서슴지 말고 전문가나 병원을 찾으라. 찾아간 곳에서 뾰족한 해법을 찾지 못했다면 다른 곳 두 군데 정도를 더 가보라.

특히 다음에 해당하는 사람들은 혼자서 문제를 해결하려 하지 말고, 반드시 전문 치료를 받아야 한다. 문제가 아주 심각할 때, 문제가 상당히 오래 지속되었을 때, 자살 충동을 느낄 때, 너무도 혼란스러울 때. 하루에도 몇 번씩 감정의 기복을 느낄 때.

혼자서도 할 수 있다

앞에 제시한 경우가 아니라면 당신은 혼자서도 마음 관리를 할 수 있다. 어차피 조기 개입은 혼자 할 수밖에 없다. 혼자 할 수 있다는 것은 독자들을 기분 좋게 하려는 말이 아니라 인지치료 창시자들도 주장했던 것이다.

1980년에 최초 출간된 후 우울증 치료와 관련하여 미국의 의사들이 가장 많이 참조하는 세계적인 베스트셀러《필링 굿》의 저자 데이비드 번스 박사는 인지행동치료의 저명한 권위자이다. 그의 책에는 인지행동치료의 창시자인 아론 벡의 추천글이 있는데 '아주 심각한 정서장애를 겪고 있는 사람들은 정신건강 전문가의 도움이 필요하겠지만, 덜 심각한 사람들은 번스 박사가 개발한 이 대처법을 이용하면 유익할 것이다. 이책은 자가 치료를 원하는 사람에게 매우 실용적인 단계별 안내서가 될 것이다.'라는 내용이다. 아울러 번스는 자신이 개발한 대처법의 효과를 검증한 애라배마대학 의료센터의 포레스트 스코긴 박사팀 연구를 직접 소개한다.

이 연구에서는 우울증 환자 60명을 두 그룹으로 나눈 후, 의사를 만나려면 4주를 기다려야 한다고 말하면서 기다리는 동안 한 그룹에게만 《필링 굿》을 나눠주면서 의사를 만나기 전까지 꼭 한번 읽어보기를 권했다고 한다. 다른 그룹의 환자들에게는 책을 주지 않았다.

연구진은 매주 환자들에게 전화해 우울증 수치의 변화를 측정했는데 실험 결과에 깜짝 놀랐다. 4주 후 《필링 굿》을 읽은 환자들 가운데 3분의 2가 어떤 약도, 어떤 심리치료도 받지 않았는데도 우울증 수치가 현저하게 하락하거나 완전히 회복했기 때문이다. 반면 《필링 굿》을 읽지 않은 환자들은 수치에 변화가 없었다.

연구자들은 다시 책을 받지 않은 그룹에게 책을 나눠주면서 4주간 읽어보라고 말했다. 그들 중 3분의 2가 회복했고 더 이상 치료가 필요 없었다. 게다가 책을 읽고 호전된 환자들은 3년이 지난 후에도 우울증이 재발하지 않았다.

번스는 학자들이 《필링 굿》 독서 요법이 우울증 환자들에게 첫 번째 처방책이 되어야 한다고 결론 내렸다면서 "내가 《필링 굿》에서 소개한 치료법은 인지행동 치료법이라 부르는데, 자기 패배적 행동을 비롯해 우울증을 유발하는 부정적인 생각이나 인지를 바꾸는 기술을 습득하는 방법이다."라고 설명했다. 또한 그는 이 요법이 매우 경제적이며 체중 증가, 불면증, 성적 장애, 중독과 같이 약을 먹을 때 나타날 수 있는 부작용을 겪지 않아도 된다는 점을 강조했다.

번스가 이 얘기를 한 것은 이미 40년 전이다. 그동안 그의 말은 수없이 많은 매체를 통해 강조되었지만, 이상하게 우리는 미처 설득되지 못했거나 마음은 살짝 동했지만 실천하는 것을 등한시했다. 어쩌면 최후의 교과서는 이미 나왔지만 40년 내내 책의 앞부분 열 쪽에만 손때를 묻혀왔던 것이다. 왜일까?

가장 큰 이유는 진리, 혹은 진실과 실행이 다르기 때문일 것이다. 운동이 좋다는 것, 금연을 해야 한다는 건 다 알고 있지만, 실제로 운동하고 금연하는 사람은 따로 있다. 그러다 보니 실행력을 높일 수 있는 책들이 계속 나온다. 이 책이라고 좀 더 뾰족한 방안을 제시할까? 계속 시도해볼 수밖에 없다. 내가 할 수 있는 일이란 최대한 쉽게 써보는 것이다.

실행이 잘 안 된다면 하나는 실행하기 어려워서, 두 번째는 실행의 효과를 빨리 느끼지 못해서일 수 있다.

실행하기 어렵다는 것은 꽤 설득력이 있다. 번스가 언급한 애라배마대학 연구팀의 경우처럼 모든 우울증 환자들이 스스로 책을 읽고 일종의 독서치료 효과를 본다는 것은 결코 쉽지 않은 일이다.

책을 읽을 수 있는 에너지, 내용을 이해하고 정리할 수 있는 인지적 자원, 읽은 것을 실행할 수 있는 의지 등이 대부분의 우울한 이들에게 부족하다. 인지적 자원이 부족하다고 하는 것은 지적 능력이 떨어진다는 뜻이 아니라 우울 상태에서는 뇌 기능이 떨어지기 때문이다. 그러니 상담가들은 이들의 평균적인 상태를 고려하여 난이도를 쉽게 하면서도 의지를 북돋울 수 있는 실행법을 늘 고심한다.

실행의 효과를 빨리 보지 못한다는 것 또한 자가 치료를 어렵게 한다. 긍정적인 생각을 한다고 해서 나아지는 기분의 폭이 그리 크지 않기 때문이다. 예를 들어, 부모가 돌아가신 일을 긍정적인 측면에서 헤아린들 슬픔의 강도가 바로 현저하게 감소하지는 않는다. 그러다 보니 긍정적인 사고가 실제로 미치는 혜택이 실감되지 않는 것이다.

하지만 비록 작은 폭이라도 방향을 바꾸면 인생 자체가 달라진다는 것을 알아야 한다. 번스의 책에서도 보았듯이 말이다. 작은 변화가 우습다고 아무것도 하지 않은 채 습관적으로 뇌 이랑을 파헤쳐 놓고만 있으면, 어느새 큰 웅덩이가 생겨 나쁜 물질이 창궐하게 된다.

사실, 무슨 병인들 금방 효과를 보겠는가? 진통제를 제외하고서 신체적으로 큰 변화를 느낄 수 있는 약은 매우 드물다. 그럼에도 약을 꾸준히 먹는 이유는 몸의 변화를 금방 느끼지 못해도 몸 전체에 좋은 변화가 일어나고 있다는 것을 '믿기' 때문이며, 몇 개월 후 혈액검사 등을 통해 더 확신하는 것이다. 마찬가지로 긍정적인 사고가 빠른 시간 내에 당신의 기분을 낫게 하지 못하는 것 같더라도 좋은 변화가 분명히 일어나고 있음을 '믿어야' 한다. 그리고 이 믿음은 결코 믿음으로만 끝나지 않고, 뇌에서도 실제로 변화를 일으킨다.

즉, 생각이 변하면 뇌도 변한다.

마음 약사가 반드시 해야 할 일

《뇌는 답을 알고 있다》의 저자인 대니얼 G. 에이멘은 정신과 전문의지만 뇌 영상 전문가, 에이멘 클리닉의 CEO로 더 유명하다. 그가 의료 책임자로 있는 에이멘 클리닉이 보유한 인간 행동 관련 뇌 영상 자료는 세계 최고 규모를 자랑한다. 이를테면 알츠하이머 병에 걸린 환자의 뇌 영상, 우울한 환자들의 뇌 영상, 치료를 받고 나은 후의 뇌 영상 자료들을 보유하고 있다. 적어도 인간의 뇌 안에서 일어나는 일에 관해서라면, 현재 지구상에서 그가 가장 많이 알고 있다고 해도 과언이 아니다.

그가 자신의 두 눈으로 보았던 '뇌 안의 세상'이 얼마나 믿음직했던지 "내 딸과 사귀려면 뇌 스캔을 받고 계속 만날 자격이 있는지를 증명해야 한다. 이건 농담이 아니다."라고 말했을 정도이다. 아마도 사위 후보가 될 사람의 뇌 스캔을 보면서 신중한 사람으로서 뇌의 지형을 갖고 있는지를 판단하려는 듯하다. 살아있는 사람들의 뇌를 20년 넘게 수만 건 이상 스캔하고 분석해온 이 뇌 전문가는 생각과 감정과 행동에 변화를 이끌어내는 심리치료가 실제로 뇌 기능을 향상시킨다고 증언한다.

구체적으로는 캐나다, 스웨덴 등지에서 실행된 연구 결과들을 언급하면서 항우울제 복용 집단과 마찬가지로 인지치료 집단에서도 증상이 개선되었고, 뇌 스캔에서도 호전된 양상이 나타났다고 했다. 심지어 거미공포증 환자 집단이 인지치료 후 뇌의 공포 담당 영역이 안정된 스캔도 얻었다면서 "생각을 다루는 치료는 뇌의 기능을 변하게 하는 데 이롭다. 다시 말해, 생각을 바꾸면 뇌도 바뀐다."고 강조했다. 또한 "우울증을 해결하는 해결책은 간단한데, 바로 플러스 생각을 하도록 의식적으로 노력하는 것이다."라고 했다. 플러스 생각이 긍정적인 생각을 뜻한다는 건 설명하지 않아도 알 것이다.

뇌과학 연구들을 통해 우리는 스스로 마음 약사가 되어 자신의 행복을 조제하는 것이 가능하다는 것을 더욱 확신할 수 있다.

마음 약국은 하루 24시간 풀가동되고 있는데, 주인은 그것도 모르고 늘 바깥에서만 행복을 찾아왔다. 마음 약사는 '내 행복은 내가 조제한다'는 신념을 갖고 매일 조금씩 행복을 만들어낸다. 때로 약간의 조제로는 어림도 없는 깊은 감정에 압도되기도 하지만, 꿋꿋하게 자신의 할 일을 해낸다. 일반 약사가 약국의 선반에서 약을 꺼내는 것과 달리, 마음 약사는 자신의 뇌에서 약을 꺼내는 게 다를 뿐이다.

우울하다면, 알고 있는 모든 방법을 다 시도하라. 다 효과가 있다. 다만 그 방법으로 우울증이 어느 정도 완화되었더라도 반드시 후속처리를 해야 한다. 적절한 비유인지는 모르겠지만 당신이 1차로 선택한 방법은 3시간, 혹은 3일, 또 혹은 3주간의 슬픔만 없애주고 말 가능성이 크기 때문이다. 일정 시간의 슬픔만 처리하는 방법으로는 잠시 집에 고인 물을 뺄 수 있겠지만, 지붕이 새는데 계속 비가 내린다면 결국 한계에 도달하게 된다. 지붕이 새지 않도록, 우리 몸의 지붕인 뇌를 늘 긍정 상태로 보수·유지하자.

몸이 아파서 약을 처방받으면 약 봉투에 '식후 30분 내 복용'의 지시문이 있다. 어떤 사람들은 이 지시문을 강박적으로 받아들여 식후 10분 만에 먹었는데 괜찮냐, 입맛이 없어서 밥을 못 먹는데 어떻게 식후에 복용하느냐고 걱정하기도 한다. 하지만 가장 치료 효과가 좋은 사람들은 바로 지시문대로 꼬박꼬박 약을 먹는 사람들이다.

우울하다면 '긍정적 생각 후 30분'을 기억하라. 긍정적 생각으로 무장한 다음에 무엇을 먹든, 어디를 가든, 누구를 만나든 하도록 하자. 긍정적 생각은 약 먹는 것만큼이나 꼬박꼬박 지켜야 할 사항이다.

악순환에 갇히는 생각의 굴레, '씽킹 링'을 끊어내자

마음 약사가 반드시 기억해야 할 요점을 한 번 더 복습해보자. 부정적인 생각을 하면 부정적인 감정이 파생하고, 부정적인 감정을 느끼면 스트레스 호르몬이 분비되어 다시 기분이 나빠지는 악순환에 갇힌다. 그런데 아무리 강조해도 상담실을 나서면 잊어버리는 내담자들이 너무 많아서 나는 절대 까먹을 수 없게 이미지로 기억하는 방법을 쓰기로 했다. 어렸을 때 많이 보았던 천사 이미지다.

날개 달린 하얀 옷을 입은 천사의 머리 주변을 링으로 감싸고 있는 이미지. 나는 우리 머리에도 이런 링이 있다는 생각이 든다. 물론 보이지는 않는다. 또한 두 링의 특성도 다르다. 천사의 링은 영적인 기운, 혹은 아우라를 나타내며 신비하고 사랑스럽게 느껴지는 반면, 우리의 링은 굴레라고 부르는 것이 더 정확한 듯하다. 특정 생각에 갇혀 뫼비우스의 띠처럼 끝없이 악순환을 반복하는 생각의 굴레. 이를 '씽킹 링'이라고 부르겠다. 독자들도 머리에 씽킹 링이 있다고 가정해 보기 바란다.

하나의 부정적인 생각이 이차적인 부정적인 생각을 일으키고, 다시 부정적인 감정으로 흘러간다. 진행 방향은 일방향일 뿐이다. 계속 한쪽 방향으로 빠르게 빛이 돌아가는 전자 링을 떠올리면 이해가 쉬울 것이다. 우울에서 벗어나려면 이 링의 한 지점을 과감하게 멈출 필요가 있다. '이 생각이 정말 맞을까? 다르게 생각할 수도 있지 않을까? 이 상황에서도 긍정적인 면이 있지 않을까?' 하며 생각의 진행을 끊고 방향을 바꿔야 한다.

좀 과장해 말해본다면, 영화 〈첫 키스만 50번째〉의 여주인공처럼 마치 기억상실증에 걸린 듯이 생각의 시점을 잘라보는 것도 좋다. 이걸 해보기 제일 좋은 때가 아침에 눈 떴을 때이다. 잠시 뇌가 백지 상태로 있기 때문이다. 예를 들어, 아침에 눈 뜨자마자 어제처럼 오늘도 '원수 같은' 남편을 째려볼 것이 아니라 마치 기억상실증에 걸려 아무것도 모르는 것처럼, 남편과 싸웠던 적이 없었던 것처럼, 아예 이 사람이 남편이라는 것을 모르는 것처럼, 순수한 상태로 있어 보는 것이다.

이윽고 남편의 말과 행동에서 어제까지 사이가 나빴던 기억이 돌아오면, 그때부터 그에게서 떨어지든 또 미워하든 하면 된다. '남편은 나쁜 사람이다'라는 자동 순환적 씽킹 링을 항상 머리에 달고 있을 게 아니라 틈날 때마다 한 번씩 끊고 새롭게 생각해보겠다고 마음먹어보자. 수백 일 눈을 떠도 그 남편이 그 남편이라면, 대상을 당신이 좋아하는 다른 '당신'으로 바꿔보자.

아예 지구 차원을 확 벗어나 우주는 어떨까. '비록 나와 내 주변의 인간은 아직도 이리 엉망이지만, 그럼에도 여전히 해는 빛나고 또 하루를 주신 당신에게 감사합니다.'라는 기도를 하는 것만으로도 씽킹 링은 새롭게 돌아가고 어제와 다른 오늘을 맞이할 수 있다.

씽킹 링을 끊어버리고 새로운 생각을 해본다면, 뇌에서는 무슨 일이 벌어질까? 부정적인 자동 순환 링에 갇혀 있을 때는 세로토닌이 분비될 틈이 없으며, 이미 분비된 세로토닌마저 금방 고갈된다. 하지만 긍정적인 방향으로 전환하면 어느새 세로토닌이 분비되기 시작한다. 처음에는 있는 둥 마는 둥의 양밖에 안 될 것이다. 뇌 또한 처음에는 '주인님이 웬일로 긍정적이래? 치매가 온 건가?'라며 세로토닌을 분비할지 말지 간 보기만 하고 있을 것이다. 하지만 긍정적인 생각을 더 많이, 더 오래 계속하다 보면 뇌도 마침내 주인의 뜻을 이해하고 적극적으로 세로토닌을 분비한다. 그러면 우울증에서 회복되는 것은 시간 문제일 뿐이다.

긍정적인 생각은 세로토닌을 분비하는 데서만 끝나지 않는다. UCLA 의과대학의 뇌과학자 대니얼 시겔이 말했듯이 뇌에서 새로운 연결을 만들어낸다. 비유적인 표현이 아니라 실제로 뉴런이 점화하면서 서로 연결되거나 결합한다.

당신은 무슨 생각을 가장 많이 하고 있는가? 슬프다고? 화 난다고? 그 감정의 끝이 향하는 누군가, 혹은 어떤 것이 당신 의 슬픔과 분노를 해결할 가능성은 매우 낮다. 오히려 당신의 뇌는 점점 슬픔이나 분노의 색깔로 덮이기만 할 뿐이다.

씽킹 링을 바꾸어보라. 링의 접점이 만족이나 용서로 끝나 면 가장 좋겠지만, 최소한 당신을 불편하게 하는 사람에게서 거리를 두기만 해도 우중충했던 당신 뇌는 색이 변하기 시작 한다. 부정적인 생각을 긍정적으로 바꾸면 기분이 좋아지고 뇌의 구조까지 변한다는 것, 이것이야말로 우울증 완화의 시 작이다. 너무 힘에 부치면 잠시 약의 도움을 받더라도 세로토 닌을 분비하는 근본적인 주체는 당신 자신임을 잊지 말라.

씽킹 링을 잘 끊으려면 먼저 자신이 어떤 생각을 많이 하 는지를 알아야 한다. 그리고 그 생각은 당신과 동격이 아니며 많은 부분이 상상, 허구, 착각, 왜곡으로 이루어져 있다는 것을 인정해야 한다. 인정해야 링을 한번 끊어볼 수 있다. 쓰레기인 데도 보석인 줄 알고 부여안고 있다가는 잿빛 미래밖에 남을 게 없다.

그렇다고 자신을 비난하지는 말자. 당신은 그저 다른 사람 과 마찬가지로 좋은 점과 좋지 않은 점을 다 갖고 있으며, 잘 못이나 실수를 할 수 있을 뿐이다. 당신이 실수했다고 해서 가치 없는 사람인 것은 절대로 아니다. 마찬가지로, 다른 사람 또한 당신처럼 좋은 점과 좋지 않은 점을 다 갖고 있으며, 잘못이나 실수를 할 수 있을 뿐이다. 그리고 그는 당신에게 불친절할 수 있고, 당신을 무시할 수도 있다. 그렇다고 그가 가치 없거나 천하의 악당은 아닌 것이다. 이것을 받아들일 수 있으면 늘 당신에게 스트레스를 주는 어떤 사람에 대한 씽킹 링을 한번 끊어볼 수 있다.

생각을 '쓰레기'라고까지 표현한 이유는 우리의 생각 중에 스스로 발생시킨 것보다 타인의 생각들이 훨씬 더 많이 끼어들어 있기 때문이다. '나는 못생겼어, 나는 능력이 없어, 늙으면 보잘것 없어…' 등의 생각 중에 우리가 처음으로 한 생각이 과연 얼마나 될까? 가족이나 친구, 지인, 매스컴 등을 통해 접한 얘기들을 내재화한 것이 압도적으로 많다. 그중에 긍정적인 것이 있다 해도 가려서 들어야 할 판에 부정적인 내용이라면 굉장히 사려 깊게 판단해봐야 한다는 건 당연하지 않겠는가.

부정적으로 생각하고 있다는 것을 인식하면 링의 스위치를 반대 방향으로 켜자. 스위치는 A 방향으로 켜져 있는데 B 방향에서 작동하는 기능이 활성화되는, 상반된 두 가지 일이 동시에 일어나기란 불가능하다. 생각도 그렇다. 우울할 때는 부정적인 생각의 스위치를 반대 방향으로 전환하자.

뇌는 한시도 쉬지 않고 계속 생각을 해야 하므로 한쪽을 막으면 남은 것은 긍정적인 방향밖에 없다. 부정적인 쪽을 막으면 방해에서 자유로워진 뇌는 당신이 건강하고 즐겁게 살 방법을 한결 빠르게, 그리고 틀림없이 모색하기 시작한다. 할 일이 그것밖에 남지 않았기 때문에 반드시 그렇게 한다.

뇌가 당신을 위해 일하도록

스위치가 달려 있는 전기 도구에 과부하가 걸려 타는 냄새가 나거나 불꽃이 튀면, 더 큰 문제가 발생하기 전에 얼른 스위치를 끌 것이다. 마찬가지로 뇌도 기능에 문제를 보인다면, 그 기능을 담당하는 스위치를 잠시 꺼야 한다.

UCLA 의과대학의 정신의학자 제프리 슈워츠는 《뇌는 어떻게 당신을 속이는가》에서 뇌는 거짓말을 하기 때문에 그것을 인식하고 뇌가 우리 자신을 위해 일하도록 만들어야 한다고 말했다. 뇌는 왜 거짓말을 하는 걸까.

처음에는 당신이 어렸을 때 당신을 보호하려 했던 순수한 이유였다. 한때 유약하기 그지없던 당신의 운명을 좌우할 정도로 힘이 셌던 부모와 세상 사람들의 얘기들을 그저 '살아남기 위해, 사랑받기 위해' 고스란히 받아들였던 것뿐이다. 하지만 그들의 말은 늘 진실은 아니었고, 만에 하나 진실이었다 해도 그때는 맞고, 지금은 틀리다. 지금의 당신은 그때의 당신이 아니기 때문이다.

우리를 보호하겠다는 선의의 차원에서 시작된 뇌의 거짓말은 거시적으로는 진화의 역사로까지 거슬러 간다. 생존을 위협하는 것들을 재빨리 알아채고 대처하기 위해 뇌는 부정적인 측면에 훨씬 더 주의를 기울이고 기억하게끔 진화되어 왔다. 우리들 대부분이 부정적인 생각을 훨씬 더 많이 하는 것도 당연하다.

다만, 이런 기제는 외부의 적이 넘쳐났던 시절, 호랑이와 매머드가 설쳐대고 먹을 것이 없던 때에 형성된 것이므로 역시나 그때는 맞고, 지금은 틀리다. 만에 하나 호랑이와 매머드가 지금 있다 해도, 우울하다면 그들에게 잡아먹히기 전에 스스로 먼저 무너지게 된다. 즉, 오랜 진화력에서 파생된 뇌의 거짓말은 정말 위협적인 외부 상황에서는 도움이 되겠지만, 일상적인 상황에서는 우리를 더 힘들게 한다는 것을 알아야 한다. 비상용은 비상용으로만 사용해야 한다.

게다가 뇌는 부정적인 측면을 중시하는 수준을 넘어 최악의 시나리오를 만들어내곤 하기 때문에 우리를 회유하고도 남을 만큼 힘이 세다.

뇌가 거짓말하지 못 하게 해서 당신을 위해 일하도록 하려면 어떻게 해야 할까. 뇌, 즉 당신의 생각을 무조건 믿지 말고 의심해 봐야 한다. 특히 그 내용이 부정적일 때는.

부정적이란 뜻에는 네거티브, 이를테면 어떤 입장을 반대하고 삐딱하게 반응하며 비관적으로 바라본다는 전형적인 의미 외에도, 우리로 하여금 불편하거나 도움되지 않는 행동을 하게 한다는 의미도 포함된다. 어떤 생각으로 인해 강박적인 행동을 하게 된다든지 심한 우울증에 빠진다든지 사람들을 피하게 된다면 그 생각은 당신에게 부정적이다.

슈워츠는 치료하기 어려운 환자들 중에서도 상위권에 속하는 강박증 환자들에 대한 놀라운 치료 효과를 보고하는데, 그가 사용했던 방법은 바로 뇌의 거짓말을 인식하게 하는 것이었다. 그는 강박장애를 뇌의 두 영역, 즉 오류를 찾아내는 회로와 습관 중추를 지나치게 연결시키는 신경학적 기현상이라고 설명한다.

예를 들어, 뇌의 오류 회로가 끊임없이 '세균! 세균!' 하고 거짓 경고를 하기 때문에 두려움에서 벗어나고자 습관적인 손 씻기를 반복한다는 것이다. 그는 PET(양전자 방사 단층 촬영법)로 강박장애 환자들이 심지어 휴식 중에도 걱정 회로가 더 밝다는 것을 보여준 바 있다. 그가 환자들에게 내렸던 처방은 뇌에서 잘못된 신호를 보내고 있다는 것을 깨닫고, 주의를 다른 데로 돌림으로써 뇌 회로를 바꾸게 하는 것이었다. 손을 씻어야 한다는 생각이 들 때마다 "이건 내가 아니야. 내 뇌가 만들어낸 것일 뿐이야."라고 말하고, 산책을 하거나 정원을 가꾸며 주의를 다른 데로 돌리도록 가르쳤다. 이 뇌 훈련법을 받은 환자들은 10주 이내에 대부분의 증상이 사라졌고, 강박·집착

상태에서 활성화되는 뇌의 우측 미상핵의 크기도 현저히 줄어들었다.

슈워츠의 지도를 받은 환자들은 오랫동안 자신을 지배해왔던 뇌의 거짓말, 즉 '내 인생이 삼류인생이라는 거짓말', '완벽하지 못하면 사랑받을 수 없다는 거짓말', '끊임없이 내가 잘못했다는 거짓말', '사람들이 자신을 이용한다는 거짓말', '일을 제대로 해놓지 않으면 가까운 이들에게 불행이 닥칠 것이라는 거짓말'을 찾아내어 '스톱!'시켰다. 또한 그들은 '이놈의 뇌가 또 문제야', '오늘은 뇌가 나쁘게 돌아가는 날이야', '넌 또 걱정에 빠져있어', '정신이 오락가락한다고' 같은 다양한 '셀프 톡self talk'을 만들어 뇌의 거짓말을 무력화시켰다.

물론 모든 사람들이 이들처럼 뇌의 거짓말을 성공적으로 멈추게 할 수는 없을 것이다. 슈워츠 자신도 이 점을 인정하여 "한꺼번에 바뀌지 않는다. 연습, 연습, 또 연습하라. 모든 뇌의 거짓말에 한꺼번에 맞서지 말라."고 조언한다.

그렇다면 우선적으로 맞서야 하는 거짓말은 무엇일까? 지금 당신이 가장 힘들어하는 문제를 떠올리면 쉽게 찾을 수 있겠지만, '위협감을 느낄 때'도 우선순위에 해당한다.

노벨생리의학상을 수상한 과학자 엘리자베스 블랙번은 생체 텔로미어의 길이가 짧아지면, 질병이 발생하고 수명이 단축된다는 것을 밝혀 노화학의 판도를 바꾼 사람이다. 그녀는 수십 년 동안 수많은 텔로미어 형태를 연구했는데, 유독 어떤 스트레스가 텔로미어의 길이를 급격하게 짧게 한다고 말했다. 바로 '위협감을 느낄 때'이다. 누군가가 당신 눈앞에서 칼을 들고 죽이려고 하는 상황이라면 위협감을 느끼는 것이 당연하다. 하지만 그저 누군가의 말이나 표정만으로도 위협감을 느낀다면 뇌가 '지금 이 상황이 위험하다'는 거짓말을 하는 것은 아닌지 체크하자. 그래야 쓸데없이 수명이 단축되는 일을 막을 수 있다.

마음 약사의 조건,
필기고사와 행복 선서

어떤 직종이든 자격증 시험이 있지 않은가. 하여, 지금까지의
내용을 토대로 이쯤에서 필기고사를 치르고자 한다. 난이도는
'하'이니 긴장하지 말자. 서로 다른 문제들에 힌트도 있다.

마음 약사 필기고사

1) 다음 중 맞는 것은? 우리가 힘든 것은 _____

　　①어떤 사실 때문이다. ②그 사실에 대한 우리의 생각 때문이다.

2) 사실을 바꿀 수는 없지만 사실에 대한 (　　)은 바꿀 수 있다.

3) (　　)을 바꾸면 뇌가 변한다.

4) 생각을 바꾼다는 것은 생각의 (　　)을 바꾼다는 것이다.

5) 좋은 생각을 하면 좋은 (　　)이 생기고 좋은 (　　)이 분비된다.

6) 나쁜 생각을 하면 나쁜 (　　)이 생기고 나쁜 (　　)이 분비된다.

정답　1) ②　2) 생각　3) 생각　4) 방향

　　　　5) 감정(혹은 기분)/ 화학물질(혹은 신경전달물질)

　　　　6) 감정(혹은 기분)/ 화학물질(혹은 신경전달물질)

자가 채점 결과 100점을 맞았으면 마음 약사가 될 자격이 충분하다. 이 시험은 컷오프가 없으며 무조건 100점을 맞아야 한다. 단, 몇 번이라도 재응시가 가능하니 정답을 맘껏 커닝하여 기필코 100점을 맞도록 하자.

필기시험을 통과했으면 더 중요한 검증을 거쳐야 한다. 행복 선서를 해야 한다. 어떤 것을 실행하는 데 가장 중요한 것은 그렇게 하겠다는 의지를 천명하는 것이기 때문이다. 내용은 다음과 같다.

행복 선서

1) 나는 스스로 행복해지기로 선택하겠습니다.

2) 나는 살면서 무수히 많은 불안과 우울을 느끼겠지만,

   절대로 압도되지 않도록 최선을 다할 것을 선택하겠습니다.

3) 나는 행복해지기 위해 내 생각을 다스릴 것을 선택하겠습니다.

앞을 볼 수 없는 인도계 미국 이민자에서 컬럼비아대학교의 심리학 교수가 된 쉬나 아이엔가는 TED 강연 누적 조회수가 580만 회에 이른다. 그녀는 어렸을 때 아버지를 여의었고 청소년기에 찾아온 불치병으로 시력까지 잃게 되었지만, 온갖 악재에도 불구하고 다른 세상을 보기로 '선택'했다고 말했다.

우리는 자신에게 일어난 사건과 그에서 파생되는 감정에

"내 마음을 나도 몰라. 내 감정을 내가 어떻게 할 수가 없어."라고 말하며 어쩔 수 없는 것으로 받아들일 때가 많다. 하지만 우리는 선택할 수 있다. 좋지 않은 상황에도 불구하고 다르게 바라볼 수 있는 선택. 우리가 겪는 어려움들이 엄청 힘든 건 사실이지만 아이엔가가 겪었던 3중, 4중의 고통까지는 아닐 것이다. 그러니 힘든 일이 있어도 그것에 대해 달리 생각해보는 '선택' 정도는 해보도록 하자.

역경을 극복해낸 수많은 사람들이 증명하듯이, 그 선택의 결과에 따른 자기 실현과 자기 극복의 기쁨은 남은 생애 절대로 잊지 못할 절정의 경험이다. 오히려 문제는 애당초 선택을 안 한다는 것이다. 당신 자신을 사랑하겠다고, 스스로 행복하겠다고 선언하자.

자신을 사랑하라는 메시지는 방탄소년단의 앨범 명 〈Love yourself〉을 통해 최근 더욱 사람들의 입에 오르내리는 것 같다. 왜 방탄소년단을 좋아하냐는 인터뷰 내용을 들어보면 "너 자신을 사랑하라는 그들의 메시지가 내 마음에 닿았고 힘을 주었어요."라는 답변을 많이 들을 수 있다. 세상에 치여 자존감 낮게 살아왔던 사람들도 요즘은 남의 눈치 보지 않고 스스로 사랑하라는 메시지를 기꺼이 받아들이는 것 같다. '나는 이기적으로 살기로 했다', '이제부터 나만 생각하며 살겠다' 등의 메시지를 담은 책이 나오는 것도 이런 심리 세태를 잘 반영하는 것으로 생각된다.

하지만 나는 한 단계 더 나아가야 한다고 생각한다. 사람들은 이렇게 말한다. "이제는 나를 사랑할 거예요. 나는 소중한 사람이니까요." 좋다. 여기까지 오는 데만도 상당한 시간이 걸렸다. 문제는 자신이 소중한 사람이라는 것은 이제 알게 되었는데, 그걸 또 타인으로부터 확인받으려 한다는 것이다. 그러면서 이차적인 우울증이 발생한다. '나는 이렇게 소중한데 왜 내게 연락을 안 해? 왜 기회를 안 줘? 왜 선물을 안 줘? 왜 나만 차별해? 왜 날 사랑해주지 않아?' 'Love myself' 하겠다고 하고선 결국 'Give me your love'로 되돌아가는 형국이다.

한 60대 여성은 매일 화가 난다. 건강에도 심각한 문제가 없고 돈이 아주 없는 것도 아니며 자식들도 다 장성해서 가족을 이루었다. 하지만 무릎이 아플 때마다 화가 치솟는다. 가족들이 병원에 가보라고 하면 화를 낸다. "내가 왜 혼자 병원에 가야 해? 자식들은 다 뭐하고?" 한약이라도 좀 드시라고 하면 또 화를 낸다. "내가 왜 내 돈으로 그 비싼 약을 먹어야 해? 다른 집은 다 자식, 며느리들이 해주는데?" 자신이 소중하다고 생각하니 그에 맞는 대접을 못 받으면 더욱 화가 나는 것이다.

하지만 자신을 소중하게 대하는 것을 스스로 하지 않으면 가슴께에서 찰랑거리던 작은 분노가 깊은 우울로 바뀌어 머리까지 잠기게 될 수도 있다. '날 좀 존경하고 사랑해봐'로 시작했던 분노가 끝내 해소되지 못하면 결국에는 '나는 사랑받을 가치가 없나 보다'는 우울로 바뀌기 때문이다. 당신에게 관심을 보이지 않는 사람들은 당신을 사랑하고 안 하고의 문제가 아니라, 그저 바쁘거나 좀 야박하거나 여유가 없거나 어쩌면 당신보다 더 절박한 상황에 있어서다.

당신 돈으로 병원 가고 한약 지어 먹고 맛있는 식당에 가서 드시라. 누군가가 당신을 병원에 데려가고 약을 보내줄 수도 있다. 그렇지만 당신 스스로 하기로 '선택'해보자. 스스로 하고 있는데 누군가 또 해준다면 좀 민망하긴 하겠지만 얼마나 기쁘겠는가? 반면, 누가 해주기만을 기다리다가 영영 스스로도 하지 못 하는 일이 발생하면 얼마나 후회가 되겠는가? 'Love myself'는 미완성어이다. 'Love myself, By myself!'의 완전체로 수정되어야 한다. 자신을 '스스로' 사랑하고 행복도 '스스로' 만들어보자.

아울러 '너 자신을 사랑하라'는 뜻도 정확하게 알아야 한다. 이 말은 당신의 존재 자체를 사랑하라는 것이지, 당신의 생각이나 감정을 사랑하라는 뜻이 아니다. 당신의 생각과 감정은 늘 오류가 있기 때문이다.

반짝인다고 모두 금이 아니라는 말이 있듯이 당신의 생각이라고 모두 훌륭한 것도, 옳은 것도 아니다. 그러니 잘못된 생각은 수정하고 잘못된 감정은 과감히 버릴 줄도 알아야 한다. 나만 당신의 생각에 오류가 있더라도 당신 자체는 여전히 가치 있는 사람임을 잊어서는 안 된다. 당신과 당신의 생각은 동의어가 아니다. 많은 이들이 이 점을 놓친다.

다시 한 번 선서해보자.

"나는 스스로 행복해지기로 선택하겠습니다."

당신의 머릿속에 약국이 있다는 것도 알았고,
마음 약사가 되어야 할 필요성도 알았다.
이제 마음 약국을 잘 운용하면 된다.
핵심은 생각 바꾸기이다. 뇌가 전기 도구라면
오작동할 때 간단하게 스위치를 뚝딱 끄면 그만이다.
하지만 뇌는 뚝딱 끌 수가 없고,
공들여 생각을 바꾸어야 하니 간단하지가 않다.
어느 날 생각의 방향을 바꾸는 게 쉬운 일은 아니다.
마음 약국을 수월하게 운용할 수 있는 방법을 알아두면,
스스로 행복을 조제하는 데에 자신감이 생길 것이다.

생각을 바꾸는 세 칸 기법

마음 약국을 운용하는 데 도움이 되는 방법 중 가장 먼저 소개할 것은 '세 칸 기법'이다. 인지치료 전문가 데이비드 번스가 제안한 방법을 독자들이 쉽게 적용하도록 용어를 바꾸고 수정했다. 특히 '셀프 톡'은 이 책에서 새롭게 추가한 내용이다.

이 기법의 핵심은 세 칸으로 나뉜 표에 자신의 생각을 적고 '정말일까?'라는 질문을 해본 후 긍정적인 방향으로 바꾸는 것이다. 종이에 적는 것은 속으로만 생각하는 것보다 생각을 더 명료하게 알게 해주고, 기록으로 남기 때문에 재점검하기에도 좋다.

스마트폰에 기록해도 되지만, 자연에서 온 종이의 여백이 주는 여유로움과 평화로움을 따라갈 수는 없다. 종이를 낱장씩 사용해도 좋지만, 예쁜 노트에 매일 적어볼 것을 추천한다.

다음의 예시를 참고하여 '당신의 생각'과 '방어용 셀프 톡'을 작성해보자.

평소 하는 생각, 혹은 오늘 했던 생각	질문하기	생각 바꾸기, 방어용 셀프 톡 만들기
나는 매력이 없어.	정말?	·말도 안 돼. ·그 사람과 미적 감각이 다른 것뿐이야. ·이런 생각이야말로 정말 매력 없다. ·(당신의 톡)
상사가 나를 능력 없다고 본다.	진짜?	·이번 일은 솔직히 잘못했지만 　내가 능력이 없다는 건 다른 문제지. ·그 사람은 그렇게 볼 수 있겠지. 　나는 최선을 다하고 있어. ·신경 쓰이는 상사가 있더라도 직업이 　있다는 게 얼마나 다행이야. ·(당신의 톡)
(당신의 생각)		
(당신의 생각)		

자신의 생각을 알아내는 것도 중요하지만, 이 방법의 성공 여부는 마지막 칸, 방어용 셀프 톡을 얼마나 잘 만드느냐에 달려 있다. 당신이 가진 모든 능력을 동원해서 만들고, 필요하면 타인들과 공유해서 좋은 아이디어를 얻기 바란다. '그래서 뭐?', '그러면 어떻게 되는데?' '아이쿠, 자 어쩐다?' 등은 거의 모든 상황에서 사용할 수 있는 방어용 셀프 톡으로 손색이 없다. 앞으로 다양한 스트레스 상황에 처할 때마다 다음과 같이 셀프 톡으로 받아치자.

- **시험에 떨어졌다.** → 그래서 뭐? 또 치면 되지.
- **실연당했다.** → 그래서 뭐? 어차피 헤어질 인연이었다. 세상은 넓고 사람은 많다.
- **그 사람은 나를 싫어해** → 그래서 뭐? 싫다는데 어쩌겠나. 내 할일만 잘하면 된다. 나 같은 사람을 싫어하면 지들 손해지, 뭐.
- **직장에서 잘렸다** → 아이쿠, 자 어쩐다?

번스는 한 가지 주의할 점을 지적했는데, 생각 칸에 감정 반응을 쓰면 안 된다는 것이다. 위의 표에서 예를 든다면, '나는 매력이 없어.'만 써야지 '나는 매력이 없어서 슬퍼.'라며 감정까지 쓰지 말라는 뜻이다. 매력이 없어서 슬픈 건지 화가 나는 건지 짜증이 나는 건지 정확하게 알 수도 없을뿐더러, 감정까지 이 단순한 세 칸 기법에서 반박하기란 너무 복잡하기 때문일 것이다. 세 칸 기법은 '부정적인 생각'을 '긍정적인 생각'으로 바꾸는 목표에만 적합하다. 감정을 다루는 건 추후에 다시 살펴보겠다.

용기를 북돋는 '셀프 톡'의 힘

세 칸 기법의 성공 여부가 셀프 톡에 달려 있다고 했으니 활용할 수 있는 예시들을 좀 더 찾아보자. 저널리스트인 칼라 스타는 《운의 탄생》에서 운이 나빴던 상황을 유쾌하게 헤쳐나가는 일화를 들려준다.

작업 중 이동하다가 자동차 사고가 크게 나서 손목뼈가 살갗을 뚫고 나왔을 정도로 다쳤는데, 응급 헬기로 병원에 도착했을 때 사람들은 그나마 손만 다쳤다고 위로해 주었다고 한다. 스타는 "이렇게 운이 좋을 수가!"라고 말한다. 그런데 알고 보니 왼손을 다쳤고, 스타는 왼손잡이란다. 그래서 이번엔 "이렇게 운이 나쁠 수가!"라고 말한다.

그의 표현은 나쁜 일이 일어났을 때 평정심을 회복하기에 썩 좋은 표현이라는 생각이 들어 상담실에서도 적용해 보았다. 최근 일어났던 스트레스를 호소하며 우울해하는 내담자들에게 "이렇게 운이 나쁠 수가!"라고 말해보라고 했을 때 해본 사람들이 금방 웃음을 터뜨렸다. 그리고 한결 부담을 덜어낸 상태로 해결책을 모색하기 시작했다.

두 팔을 약간 구부린 상태에서 오른쪽에서 왼쪽으로 크게 옮기며, 과장된 톤으로 말하면 더 크게 웃게 되고 기분도 더 빨리 호전된다. 다리까지 들었다 놓았다 하면 더욱 크게 웃게 된다. '이렇게 운이 나쁠 수가', '이렇게 운이 좋을 수가' 꼭 기억하자. 작은 스트레스 정도가 아니라 정말 운이 나쁘다고 할 수밖에 없는 상황도 가뿐히 넘어가게 하는 강력한 셀프 톡이다.

그런데 《운의 탄생》의 부제가 '신의 선물인가, 뇌의 습관인가'이다. 저자는 책을 내기 전에 교통사고로 두개골이 골절되었고, 2억 원이 넘는 치료비로 파산했으며, 세계 금융위기로 백수가 되어 엄마 집에 얹혀 살다가 우울증에 걸렸다고 자기를 소개한다. 그런데 운이 '뇌의 습관'에서 찾아온다고 결론 낸 것을 보면 힘든 과정에서 답을 찾은 게 분명하다.

나는 내담자들에게 요긴한 셀프 톡을 찾아보는 게 습관이 되었는데, 최근 효과를 보았던 것은 친구들 사이의 톡 내용인 '네가 옳아'이다.

꽤 큰 스트레스인, 사람들 간의 생각이나 감정의 대립 상황에서 기분 상하지 않고 매끈하게 벗어나는 대단히 깔끔한 말이 아닐 수 없다. '네가 옳다'고 했으니 상대방의 자존심도 세워주고, 당신도 속으로 상대방을 '멍청이들'이라고 생각하며 웃고 넘어가면 되니 자존심이 깎일 일도 없지 않은가. 전문가

How do you manage to stay cool all the time?
넌 어떻게 그렇게 항상 침착할 수 있어?

Because I don't get into arguments with stupid people, I just cut it shot & say, "You're right."
왜냐하면 난 멍청이들이랑은 논쟁을 안 하거든. 나는 그냥 "네가 옳아."하고 대화를 끝내버려.

But that's completely irrational & wrong.
하지만 그건 완전 비이성적이고 잘못된 짓이야.

You're right.
네가 옳아.

출처 : 갓잇코리아

들이 제시한 말들도 효과가 좋겠지만 인터넷 등에서 찾을 수 있는 이런 말은 일상어인 데다가 재미있기도 해서 거부감 없이 받아들일 수 있는 장점이 있다.

지금까지 몇 가지 셀프 톡을 제시하긴 했지만 혹여 당신에게 맞는 게 없다면, 긍정 사고와 관련된 다른 책들이나 관련 미디어에서 찾을 수 있을 테니 포기하지 말고 시도해야 한다.

이렇게 해야 하는 이유는 두 가지다.

첫 번째는 결정적인 순간에 당신을 살리는 건 결국 한두 마디의 말, 특히 셀프 톡이기 때문이다. 심한 우울증 환자들이 자살이라는 극단적인 선택을 하는 시간은 늦은 밤과 새벽 사이에 집중되어 있다. 모임도 끝나고 파티도 끝나고 모두 각자의 침실로 들어간 그 시간, 아무도 우리를 웃겨주거나 안아주지 않는 그 시간, 갑자기 끝없는 외로움과 절망감이 찾아올 수 있기 때문이다.

그럴 때 누군가 당신 옆에 계속 있으면서 위로해 준다면 극단적인 생각을 하지는 않을 것이다. 하지만 '혼행'을 이루려면 그들의 말과 행동에 기댈 것이 아니라, 아니 아예 기대하지도 말고, 자신의 셀프 톡을 풍성하게 준비해놓아야 한다. 그러니 셀프 톡 부자가 되자.

두 번째는 일반적인 톡이 아니라 자신만의 '셀프' 톡이어야 하기 때문이다. 위로가 되는 명언과 시구가 100개 있더라도 정말 당신에게 힘이 되는 말은 따로 있게 마련이다. 한때 많은 자기계발서에 적혀 있던 말이 있었다. 솔로몬 왕이 현자로부터 들었다고 전해지는 '이 또한 곧 지나가리라'이다. 이 말에 감흥 받은 사람들이 굉장히 많았는데, 그중 특별히 내 지인은 힘들어하는 친구들에게 틈날 때마다 이 말을 전해 주었다. 하지만 다른 친구들은 그 사람만큼 도움받지 못했다. 모든 상황, 모든 사람에게 적용되는 단 하나의 방법이나 하나의 말은 없다.

초등학교 3학년 때인가, 속담에 대해 배운 적이 있었다. 많은 속담 중에 '호랑이에게 물려 가도 정신만 바짝 차리면 산다'는 말이 그 나이에 전혀 이해가 되지 않았다. '아니, 호랑이에게 물려 가면 죽는 거지 정신 차린다고 살아?'라는 의문이 들면서 선생님께 속담의 진위 여부를 따지고픈 마음이 들 정도였다.

하지만 지금은, 그동안 긍정적으로 생각하기를 열심히 실천해와서인지 '어쩌면 살지도 모르겠다'는 생각이 든다. 호랑이가 나를 물고 달려가는 중에 숨이 차서이든, 나를 잡아먹기 위해서든, 반드시 한 번은 입을 열 테니 그때 도망가는 기회를 엿보면 될 것 같기도 하다.

그렇다 해도 호랑이 입에 물린 채 이 기회를 노리고 있을 때 '이 또한 지나가리라'는 말로 그 절체절명의 순간들을 버텨낼 수 있겠는가? 오히려, 이 또한 지나가서 저세상에서 눈을 뜰 것 같지 않은가? 이럴 때는 '끝날 때까지는 끝난 것이 아니다', '반드시 한 번의 기회가 온다' 같은 말이 훨씬 더 적합할 것이다.

당신에게 위로와 용기를 주는 당신만의 톡을 최대한 많이 만들어 놓자. 주의할 점은 남의 톡을 비웃지는 말라. 당신의 톡을 굳이 남에게 알리지도 말라. 늦은 밤, 외로운 밤에는 그저 자신에게 말하라.

'신에게는 아직 12개의 톡이 남아 있습니다.'

오늘의 기분에 점수를 매겨라

뉴욕타임스 베스트셀러 저자인 마시 시모프가 《이유 없이 행복하라》에 제시한 방법을 참고해 적용해보자. 지금 무슨 생각을 하는지, 어떤 기분인지 떠올려보라.

1) 그 상태에 대해 1에서 10까지 점수를 매긴다.

   (ex. '직장에서의 만족감은? 6점.')

2) 매긴 점수에 대해 긍정적인 방향으로 평가해본다.

   (ex. '우와! 6이나 된단 말이야? 1이 아니라 6이나 되는 이유는 뭘까?')

이 방법의 핵심은 점수를 역으로 해석한다는 데 있다. 어떤 것에 대한 만족감이 10점 만점에 6점으로 나온다면 보통은 '낮다'라고 해석하게 되지만, 오히려 이것을 역이용해서 '어머, 6점이나 된다고? 어떻게 1이 아니었지?'라고 생각하면 기분 자체가 바뀐다.

그다음에는 이런 결과가 나온 원인을 찾아본다. '그래도 좋은 동료가 있고, 일은 좀 빡세지만 다른 데보다는 연봉이 세고,

주말마다 자전거를 탔던 것도 내 기분에 도움이 되었나 보다.'
라는 식으로 말이다. 또 동료와 계속 잘 지내도록 노력하고, 자
전거 타기도 더 늘려보겠다는 계획을 세우면 된다.

아울러 만족감을 1점이라도 높여주는 대상이나 활동이 어
떤 것일지 계속 찾아서 실행한다. 만약 5점이 나온다면? 똑같
다. '어머, 어떻게 5점이나? 1이 아니고?' 하는 것이고 4점이라
면 '어머 어떻게 4점이라도 나오지?' 하는 것이다. 사람마다
다르겠지만 1점에 대해서도 얼마든지 긍정적으로 볼 수 있다.

점수 매기기조차 부담된다면 부등호라도 매겨보라. 예를
들어, '이 사람과 관계 유지하기(A)'와 '이 사람과 관계 끊기
(B)' 중 전생애적 관점에서 생각해 봤을 때 어느 쪽이 부등호
가 큰가. 혹은 양측의 비율이 몇 대 몇으로 나오는가. 부등호가
크거나 비율이 높은 쪽에 잠시 머물러 감정적인 반응을 최대
한 자제하고 있다가 침착하게 판단해 보면 최선의 해결책을
찾을 수 있을 것이다.

생각이나 기분을 수치화해보자는 이유는 상황을 정확하게
파악하는 것이 정말 중요하기 때문이다. 어떤 사람을 떠올리
기만 해도 짜증난다고 할 때 우리는 무조건 그 짜증 지수가
100점이고 그가 나쁜 사람인 것은 100% 사실이라고 믿곤 한
다. 하지만 점수를 매겨보면 짜증이 나고 그에게 실망한 것도
맞지만, 다른 좋은 점도 분명히 있다는 것을 알게 된다. 혹은

반대로, 좀 실망한 줄 알았는데 점수가 지나치게 낮아서 관계의 회복이 불가능할 정도라는 걸 깨닫게 될 수도 있다.

아무리 긍정적으로 생각하기가 중요해도 어떤 관계를 끊거나 상황을 벗어나야 하는데도 무조건 긍정적으로 보며 버티자는 말은 절대로 아니다. 어느 책 이름처럼《뜨겁게 사랑하거나 쿨하게 떠나거나》해야 할 때도 분명히 있는 법이다.

은근히 사람 잡는 '인지적 왜곡'

생각이나 기분에 점수를 제대로 매기려면, 점수를 매기는 당사자가 비교적 정확한 측정자ruler인지 점검해볼 필요가 있다. 최근 어떤 일을 잘못 처리해서 크게 낙담하고 있는데, 당신이 항상 '나는 능력이 부족해, 늘 이렇다니까'라고 생각한다면 실제보다 더 낮은 점수를 부여하게 된다. '나는 늘 이래' 같은 생각을 인지적 왜곡이라 부른다. 당신은 어떤 인지적 왜곡을 갖고 있는가? 그리고 왜 그렇게 되었을까?

당신에게 어떤 인지적 왜곡이 정착되었다면, 세상으로부터 사랑받고 소외되지 않기 위한 일종의 방어기제로 그랬을 것이다. 어떤 일을 잘못 처리했을 때 당신의 능력 부족으로 간주하면 다른 사람에게 폐 끼치지 않고 일단은 그 상황을 모면할 수 있다. 능력은 좀 의심받을지 몰라도 여전히 그들에게 관심받을 수 있고 소외되지 않으니까. 또한 남으로부터 호되게 배신당했다면 다시는 당하지 않겠다는 자기 보호 심리로 '사람들은 모두 다른 사람을 이용해 먹어'라는 인지적 왜곡이 형성되는 게 이해되고도 남는다.

다만, 이 기제를 오래 쓰게 되면 언젠가부터 그들은 당신에게 뭔가 말이 잘 통하지 않는다는 느낌을 받으면서 불편하게 여기기 시작한다. 소외당하고 배신당하는 게 무서워서 갖게 된 생각이었는데, 원래 취지와 달리 오히려 더 소외되고 신뢰를 얻지 못하게 된다. 가까이하려 할수록 더 멀어지고, 노력할수록 일이 더 엉망으로 꼬이게 하는 것, 은근히 사람 잡는 게 바로 인지적 왜곡이다.

그동안에는 이런 왜곡이 있다는 것만 알고 있었다면, 이번에는 대안적 셀프 톡을 만드는 것까지 해보자. 아래 적혀 있는 일반적인 인지적 왜곡에 해당하는 항목이 있다면 이는 당신만의 개성적인 생각이 아니라, 삶에 마이너스가 되는 것들이므로 수정해야 한다.

재미있는 게 다른 사람들은 당신이 어떤 인지적 왜곡을 하는지 다 아는데, 당신만 모른다는 것이다. 평소 쓰는 말을 들여다보면 당신의 생각을 파악하는 데 도움이 될 것이다. 아래 표에 평소 자주 쓰는 말의 예를 제시했으니 살펴보자.

인지적 왜곡	자주 쓰는 말	대안적 셀프 톡 만들기
	당위적 사고 방식과 완벽주의	
의무적으로 무언가를 해야 한다고 생각하는 것, 완벽하게 일을 해야 한다고 생각하는 것	·그렇게 했어야 했어. ·꼭 그렇게 해야 해. ·어떻게 그럴 수 있어?	·…했으면 좋겠다. ·그렇게 하기를 원해. ·앞으로는 이렇게 해야지. ·그럴 수 있어. ·(당신의 톡)
	지나친 일반화	
특정 상황에서 일시적으로 일어나는 일을 일반 상황에서 늘 일어나는 것으로 보는 것	·항상 이렇다니까. ·내 이럴 줄 알았어.	·이번에 일이 좀 안 풀렸네. 다음에 잘하자. ·세상에 실수 안 하는 사람이 있나? ·(당신의 톡)
	개인화	
사건의 원인을 특정인의 잘못으로 보는 것	·다 나 때문이야. ·네가 그렇게 안 했다면….	·범인 찾기 놀이 그만하고 해결하는 데 집중하자. ·(당신의 톡)

2부. 스스로 행복을 조제하는 마음 약국

인지적 왜곡	자주 쓰는 말	대안적 셀프 톡 만들기
꼬리표 달기(낙인 찍기)		
자신과 타인에 대해 어떤 사람이라고 무조건 단정하는 것	·나는 실패자야. ·그 사람은 똥명청이야.	·행동과 사람은 구분해야지. ·겉모습이 다는 아니지. ·(당신의 톡)
과장과 비약		
·독심술과 점쟁이 오류 ; 자신이 모든 것을 알고 있다는 착각 ·지레 짐작하기(마음 읽기) ; 다른 사람의 마음을 자신이 읽을 수 있다는 착각 ·감정적 추론 ; 자기 감정을 근거로 판단	·안 봐도 뻔하지. ·저 사람은 분명히 나를 부러워하고 있어. ·바보가 된 느낌이네. 그러니까 나는 바보가 틀림없어.	·드라마를 너무 많이 봤어. ·조금 아는 걸로 잘난 척하는 건 아닌 것 같다. ·(당신의 톡)
흑백 논리, 전부 아니면 전무		
극단적으로 한 방향으로만 생각하는 것	·한 과목을 B학점 받았으니 완전 망했어.	·그저 한 과목뿐이야. ·흑백 논리는 편협한 사고방식이야 ·(당신의 톡)

인지적 왜곡	자주 쓰는 말	대안적 셀프 톡 만들기
	선택적 여과	
자신이 보고 싶은 정보만 걸러서 받아들이는 것	·사람들은 나만 보면 얼굴을 찡그려.	·100% 정확한 건 아니잖아. ·생각 깔때기는 쓰레기통으로. ·(당신의 톡)
	습관적 후회	
늘 결과에 만족하지 않고 다르게 행동했어야 한다고 생각하는 것 (슬라이딩 도어즈)	·이랬으면 이랬을 텐데. ·그렇게 하지 말았어야 했어.	·시간 낭비 그만하자. ·과거는 과거일 뿐. ·(당신의 톡)

표에 제시된 것 외에도 더 많은 인지적 왜곡이 있지만 일단 이 중에서 유난히 꽂히는 것이 있다면 평소의 말 습관을 점검해 대안적 셀프 톡을 만들어보기 바란다. 인지적 왜곡 중에서도 '자기패배적 신념'이라 부르는 생각을 많이 갖고 있다면 이 또한 수정해야 한다. 앞에서 슈워츠가 '뇌의 거짓말'이라고 표현했던 것과 동일한 내용이다. 자기 패배적이라는 표현에서

알 수 있듯이, 단순한 거짓말 정도가 아니라 자기를 패배시킬 정도로 유해하다는 뜻으로 받아들이면 굳이 이것들을 갖고 있겠다는 생각이 사라질 것이다.

몇 가지를 살펴보면 다음과 같다. 해당하는 게 있다면 이번에도 셀프 톡을 만들어보기 바란다.

자기패배적 신념

· 나는 무가치하고 열등하다.

· 모든 사람으로부터 인정받아야 가치 있는 사람이다.

· 지위, 돈, 외모, 학위가 있어야 가치 있는 사람이다.

· 사람들로부터 거절당하면 문제가 있는 것이다.

· 사랑하는 사람들은 결코 싸우면 안 된다.

· 슬프고 불안한 느낌이 들면 안 된다. 절대로 화를 내면 안 된다.

· 나는 결코 실패하면 안 된다. 인생은 쉽게 흘러가야 한다.

· 내게 결코 나쁜 일이 일어나면 안 된다. 스트레스 없는 삶이 완벽한 삶이다.

· 내가 비참해지더라도 다른 사람의 기분을 맞춰줘야 한다.

· 나는 소중하기 때문에 정당한 대우를 받아야 한다.

이 책에서 셀프 톡의 중요성을 여러 번 강조하는 이유가 있다. 인지적 왜곡 같은 부정적인 생각이라는 게 "아이쿠, 안 좋은 거네. 그럼 오늘부터 하지 말아야지. 그만, 그만! 튀어나오지 말라고, 좀!" 같은 말로는 제어가 안 된다. 생각을 안 할 수는 없으므로 그럴 바에야 건강한 생각을 해서 부정적인 생각이 설 여지를 없애는 게 더 효과적이다.

위에서 인지적 왜곡을 반박하는 기술, 혹은 셀프 톡을 간단하게 제시했지만, 이것만으로 오래 묵은 왜곡된 생각들을 혼자서 단시간에 씻어내기란 쉽지 않을 것이다. 부단히 노력하고 필요하면 전문가의 도움을 받기 바란다.

일단은 당신의 생각 중에 '옳지 않은 게 있다'라고 인식하는 게 가장 중요하다. 그러면 그 생각을 반성하고, 이후 당신에게 도움되는 좋은 생각들이 새로 가지치니 믿어보라. 앞으로 스트레스 상황에서는 당신에게 잘 맞는 셀프 톡을 찾아서 심플한 3단계 정도로 대처해보자.

1) 일이 일어났군. (인식)

2) 이렇게 운이 나쁠 수가! (짧은 평가)

3) 자, 어쩐다? (해결책 모색)

이렇게 하면 인지적 왜곡이나 자기 패배적 신념이 끼어들 여지가 없으면서 일은 더 빨리 해결된다. 인지적 왜곡이란, 아주 극단적으로 해석하면 누구 탓으로 돌릴지를 찾기만 하면서 문제 해결 자체를 미루는 것뿐이다. 좀 더 겸손하면 자기 탓으로 돌리고, 좀 더 뻔뻔하면 남 탓을 하는 차이가 있을 뿐.

우리나라에 처음 유기농 식품이 등장했을 때, '좋은 건 알겠는데 이렇게 값이 비싸서야 어떻게 사라는 거야? 아예 모르는 게 편하겠네'라고 생각한 적이 있었다. 일반 파 한 단이 1,000원이라면 유기농 파는 반의반 분량인데도 3,000원 정도 했으니 말이다. 하지만 차츰차츰 기회가 될 때마다 사보게 되었고, 지금은 일반 식품과의 가격 차이도 줄어들어 예전처럼 갈등하지는 않는다.

한번 뇌에 박힌 '유기농'이라는 개념은 항상 사용되기를 기다리며 기회를 보듯이, 한번 당신의 뇌에 박힌 '버려야 할 생각들'이라는 개념은 항상 그 뜻을 되새기며 버려지기를 계속 시도한다. 그러니 일단 '버릴 것들'을 당신의 뇌에 각인시키라. 완전히 버려질 때까지는 불을 다루듯이 다뤄보자. 필요할 때만 조심해서 불을 사용하여 몸을 녹이거나 음식을 해 먹듯이, 인지적 왜곡을 하지 않으면 점심 먹은 게 체할 것 같은 그런 상황에서만 잠깐씩 허용하도록 하자.

행복은 '주의 전환'에서 시작된다

지금까지 살펴보았던 '세 칸 기법'이나 '셀프 톡 만들기'가 특정 생각을 하나씩 긍정적으로 바꾸는 것이라면, 여기서는 당신의 주의 자체에 관해 다루려고 한다. 주의가 중요한 이유는 '생각의 시작'일 때가 많기 때문이다. 생각이라는 게 갑자기 튀어나오기도 하지만, 대부분은 무언가에 주의를 기울였을 때 유발된다. 주의는 생각의 시작이기도 하지만, 우리가 알지 못하는 사이 굉장히 큰 영향을 미친다.

《초전 설득》의 저자인 로버트 치알디니는 미국 캘리포니아대학교의 사회심리학자 샐리 테일러 박사가 실시한 흥미로운 연구를 소개한다. 그녀는 토론하고 있는 다수의 사람 중 특히 얼굴을 많이 비춘 사람이 토론에 더 많은 영향을 미쳤다고 판단한다는 것을 알아냈다. 재미있는 것은, 그녀 자신이 연구조교 두 명과 실험에 사용할 대화를 연습하면서 자신과 얼굴을 마주친 조교를 유독 심하게 나무랐다는 것이다. 당신이 주의를 기울이는 대상이 당신에게 막대한 영향을 미친다는 것을 보여주는 사례이다.

만약 당신이 지금 기분이 안 좋은 상태라면 괜스레 바로 옆에 있는 사람을 화풀이의 대상으로 삼게 될 가능성이 있다는 얘기다. 그가 당신의 주의의 범위 내에 있기 때문이다. 마치 청소년들이 툭하면 "엄마 때문이야."라는 터무니없는 언행을 일삼는 것처럼 말이다.

상사가 미워서 직장을 그만둔 후 3개월 정도 지나면 지옥 같았던 직장 생활이 100% 상사 때문만은 아니었음을 알게 된다. 이혼 후 6개월 정도 지나면 힘들었던 결혼 생활이 100% 배우자 때문만은 아니었음을 알게 된다. 당신의 모든 주의가 직장에서는 상사에게로, 결혼 생활에서는 배우자에게로 향해 있어서 불행의 원인이 오로지 그들이었지만, 눈에 보이지 않게 되면 분노의 대상이 사라져 갑자기 멍해진다. 심지어 '내가 무슨 짓을 한 거지?'라며 혼란스러워지기도 한다.

많은 전문가들은 행복감을 높일 수 있는 방법이 의외로 간단하다고 말한다. 바로 '주의 전환'을 하면 된다는 것이다. 말은 거창하지만 사실 별거 아니다. 당신이 지금 집착하거나 고민하는 것에서 다른 쪽으로 주의를 옮겨보라는 뜻이다.

치알디니는 일반적으로 생각하는 것보다 노인들의 행복감 지수가 높다고 하면서 그 비결이 주의 전환이라고 했다. 젊은 사람들은 성공하는 것에 매달려 마음의 여유가 없지만, 노인들은 남은 생애 동안 감정적인 만족을 인생의 목표로 두고 우선순위를 결정하기 때문에, 긍정적 방향으로 주의를 집중해 삶의 만족도가 더 높다는 것이다. 당신이 주의를 기울이는 것이 당신의 행복을 좌우한다는 말이다.

따라서 만약 직장과 결혼 생활 등을 정리했다면, 그 기억이 나지 않도록 다른 쪽으로 주의를 왕창 돌려야 잠시 놓쳤던 행복을 빨리 찾을 수 있다. 최악의 경우는, 그런 스트레스 상황에서 벗어났는데도 여전히 악연이었던 사람들을 계속 험담하면서 당신의 주의 범위 내에 있게 하는 것이다. 스트레스 상황을 종료했다면 대단한 일을 한 것이며, 그 대신 치른 희생도 정말 컸다. 그러니 행복해지는 데에만 주의를 기울이는 게 맞다.

한편, 꼭 사표를 쓰거나 이혼하지 않더라도 주의 전환 기술을 잘 활용하면 상황을 개선할 수 있다. 기혼자들은 다음의 상황을 이해할 것이다. 아침에 싸운 후 각자 밖에서 일하고 돌아와 다시 배우자를 만났을 때와 하루 종일 집에서 서운했던 점을 곱씹다가 배우자를 다시 만났을 때, 관계 회복이 어느 쪽이 쉬울까? 바로 전자의 경우다. 낮 동안 주의의 대상이 바뀌었기 때문이다. 직장에서 배우자보다 더 한심한 분노 유발자들을 대하거나 복잡한 업무를 처리하면서 주의 전환이 되어 아침에 느꼈던 감정이 사그라진 것이다.

기분이 나쁘다면 반드시 주의 전환을 해야 하지만, 애당초 당신이 주의를 기울이는 것들이 긍정적이고 즐거운 쪽이라면 우울해질 소지가 적다. 당신이 갖고 있는 것 중에 감사한 게 무엇인지 지속적으로 주의를 기울여보는 것도 좋은 방법이다. 특히 아침에 눈떴을 때 첫 감정이 '감사'라면, 전반적 주의가 긍정적인 방향으로 향하면서 그날 하루를 보내는 것이 한결 수월해진다.

간밤에 별일 없이 무사히 깨어나서 감사하고, 이렇게 포근한 이불을 덮고 있어서 감사하고, 조용한 방에서 깨어나서 감사하고, 최신 스마트 폰이 알람을 해주어서 감사하고, 또 하루가 주어져서 감사하고…. 감사할 일이 무궁무진하니 그 내용은 각자 찾도록 하자. 종일 한 번도 감사를 못 했더라도 밤에 자기 전에라도 감사하면, 소란스러웠던 하루치의 주의가 평온함으로 깔끔하게 마무리 전환된다. 주의 전환만 잘하면 굳이 종이에 세 칸을 그리지 않아도 마음 약국이 알아서 잘 운용된다.

당신의 생각과 언어 사이

우리는 흔히 자신이 무슨 생각을 하는지 잘 알고 있다고 '생각'하지만 실상은 그렇지 않다. 생각은 슈퍼에서 사 온 음식 재료들처럼 그 자체로는 그저 산만하다. 식탁 위에 너부러져 있는 양파, 당근, 돼지고기 등이 잡채로 둔갑해야 비로소 용도가 명확해지듯이, 생각 또한 언어화되어야 비로소 명료해진다. 언어가 생각의 요리사인 셈이다.

생각은 날 것의 식재료처럼 거칠고 들쭉날쭉하고 다양하며 무엇보다도 눈에 안 보인다. 하지만 언어화되면 뚜렷해진다.

문제는 요리사인 언어가 생각을 있는 그대로 드러내는 게 아니라 반드시 '요리'해버린다는 것이다. 언어 셰프는 생식을 싫어해서 끓이든 볶든 꼭 가공한다. 즉, 생각이 곧 언어는 아니라는 것이다. 생각은 A 모습인데 언어는 B로 표현하는 경우가 대부분이다. 그럼에도 우리는 '자신이 쓰는 언어'가 '자신의 생각'이라고 착각하곤 한다.

게다가 셰프는 요리를 딱 한 가지만 하지 않는다. 상황과

숙련도에 따라 같은 식재료를 갖고도 탕수육을 만들기도 하고, 돼지고기볶음을 만들기도 한다. 한마디로 셰프 마음이다. 마찬가지로 언어도 A생각을 C로, D로, 마음대로 가공한다.

잡채와 탕수육까지 들먹이며 장황하게 얘기하는 이유는 마음의 병의 원인 중에 언어가 큰 비중을 차지하기 때문이다. 일반인들이 생각과 언어를 구분하는 게 쉽지 않은 일이다. 그런데도 따로 한 챕터를 만든 것은 우선, 언어와 생각이 동일어가 아니라는 것을 아는 게 마음 관리에 유익하기 때문이다. 특히 언어는 생각에 비해 더 눈에 띄어 수정이 용이하다는 면에서 도움받을 수 있는 부분이 많다.

다음으로는, 내면의 생각과 감정을 반드시 언어로 표현해야 치료되는 때가 있기 때문이다. 대표적으로 외상후 스트레스 장애같이 큰 스트레스를 받았을 때가 이런 경우이다.

언어가 생각에 미치는 영향이 얼마나 큰지는 그 유명한 '펩시 챌린지' 이벤트에서도 확인할 수 있다. '코카 vs 펩시 블라인드 테스트'로 더 유명한 이 이벤트는 코카콜라에 비해 판매가 부진했던 펩시콜라 측에서 준비한 것으로, 전 세계에서 실시되었다. 펩시 측에서는, 눈을 가리고 콜라를 마셨을 때는 펩시에 높은 점수를 준 사람들이 더 많았다는 자료를 제시하면서 펩시의 '맛'을 자신 있게 홍보했다. 덕분에 실제로 잠시 동안은 펩시의 매출량이 코카콜라를 살짝 앞지른 적도 있었다.

하지만 흥미롭게도 사람들에게 상표를 보여주면 압도적으로 코카콜라가 더 맛있다고 했다고 한다. A와 B 두 제품이 언어적으로 명시되지 않은 상태에서는 제품 간의 우열을 가릴 수 없거나 심지어 'B가 더 맛있다'고 생각하는데도, 제품명을 듣는 즉시 'A가 더 맛있다'고 생각이 바뀔 정도로 언어의 힘은 막대하다.

이 강력한 힘을 마음 관리에 어떻게 활용할 것인지 지금부터 살펴볼 것이다. 크게 두 가지를 얘기하려 한다. 첫째, 말하라. 둘째, 가려서 듣고 제대로 말하라.

: 당신의 얘기를 털어놓아야 하는 이유

베셀 반 데어 콜크는 《몸은 기억한다》에서 트라우마 환자들의 뇌 사진을 제시했는데, 이들이 트라우마를 다시 떠올릴 때 우측 변연계와 시각피질은 밝게 활성화되는 반면, 브로카 영역의 활성은 크게 감소되었다. 변연계는 감정중추이고, 시각피질은 시각 정보를 담당하는 곳이며, 브로카 영역은 언어중추이다.

즉, 환자들은 외상적 사건에 대해 감정적으로 기억하고 이미지로 저장하긴 하지만 언어화를 제대로 못한다는 것을 보여주고 있다. 스트레스를 받을 때 '머리가 하얘지는 것 같다', '입이 떨어지지 않는다', '말문이 막힌다'는 표현을 하는 것이 실제로 신경계적 기반을 갖고 있음이 밝혀진 것이다. 콜크는 따로 떨어진 트라우마 기억의 조각들을 삶의 이야기로 통합해야 한다고 했는데, 트라우마를 치료하는 방법이 언어 하나로만 되는 것은 아니지만 막힌 말문을 열어야 온전한 치료가 되는 것은 분명하다.

트라우마 환자들의 강도만큼은 아닐지라도 말을 잘 못하는 것은 우울증 환자도 마찬가지이다. 겉보기에도 이들이 말수가 적은 것을 쉽게 알 수 있는데, 이 또한 신경계적 기반을 갖고 있다. 뇌에 대한 지식이 좀 있다면 우리 뇌가 좌우 뇌로 나누어져 있으며 좌뇌는 언어적 능력을, 우뇌는 비언어적(시공간적) 능력을 담당한다는 것을 알 것이다. 그런데 우울증 환자들은 좌뇌(특히 전두엽 부위)의 활성이 매우 낮다. 뇌가 이렇게 변해서 말을 잘 안 하게 된 것인지, 말을 안 하다 보니 뇌의 활성이 떨어지는 것인지 인과관계는 명확하지 않다. 하지만 우울증의 치료에도 말하기가 매우 중요함을 알 수 있다.

심리 상담이 우울증 치료에 도움이 되는 것도 결국 '말'을 하기 때문이다. 사실 가족이든 친구든 누구에게든 자신의 고통을 얘기할 수 있다면 당연히 도움이 된다. 다만, 앞에서도 말했듯이 당신의 얘기를 들어줄 사람을 찾기 힘든 게 문제이다. 그런 사람이 있다 해도 관계가 가까울수록 당신의 얘기를 공

말문을 열다

92

감하기보다는 섣부른 단정과 조언을 하기 때문에 얘기하고 나서도 후회될 때가 많을 것이다.

하물며 트라우마 환자들의 경우에는 아무리 헌신적인 가족이 있다 해도 안전한 환경에서 전문가와 얘기해야 한다. 사실 이 환자들은 전문가조차도 상처와 고통을 언어화하도록 하는 게 쉽지 않은 일이어서 "그 일에 대해서 그 부분(신체)은 무슨 말을 하려 하나요?" "이제 어떻게 하고 싶나요?" 등의 질문 형식으로 격려할 때가 많다. 하지만 경미한 우울증, 혹은 초기 우울증이라면 이런 질문을 얼마든지 스스로에게 할 수 있으므로 어떤 형식이든 '말하기'를 계속하는 게 중요하다.

좌뇌는 '언어 뇌'로 유명하지만 신경과학적 연구가 쌓이면서 이를 넘어 전반적인 통합 뇌로 간주되고 있다. 뇌과학 분야의 세계적인 석학 마이클 가자니가는 엄청난 수의 모듈로 이루어져 있는 우리 뇌가 하나의 통일된 의식을 가질 수 있는 것은 뇌에 해석기가 있기 때문이며, 좌뇌가 이 기능에 특화되어 있다고 했다.

따라서 언어 기능을 단순히 뇌 기능의 일부로만 보면 안 된다. 언어 기능이 올라오면 좌뇌가 더욱 활성화되어 전체적 판단 기능도 올라가며, 그렇게 되면 오판이나 극단적인 행동을 할 가능성도 적어진다. 언어화를 잘 못한다는 것은 단순히 언어 기능이 떨어지는 측면이 아니라, 뇌의 전반적인 통합력

2부. 스스로 행복을 조제하는 마음 약국

이 떨어지는 신호일 수도 있으므로 적극적으로 대처해야 한다. 말하기는 아주 훌륭한 대처법이다.

말하기가 중요한 건 알겠는데 당신의 말을 들어줄 사람이 없다면, 쓰기라는 아주 훌륭한 방법이 있다. 일기장이든 블로그든 상관없다. 또한 녹음도 좋다. 언어로 표현하는 게 핵심이지 반드시 누군가에게 얘기할 필요는 없다. 쓰거나 녹음하는 것도 모두 좌뇌 기능을 향상시킨다. 마음이 불편할 때면 속으로 삭이지 말고 말하라, 혹은 쓰라.

가족이나 친구에게 얘기할 상황이 못 되면 신에게, 장독대에게, 책상 서랍 속의 수호천사에게 말하거나 쓰라. 그것도 여의치 않으면 녹음기를 켜고 자신에게 말하라. 당신의 생각이나 감정은 블로그에 올려야만 가치 있는 게 아니다. 다른 사람이 들어주고 읽어주어야만 의미 있는 게 아니다. 당신이 듣고 읽으면 된다.

복습해보자. 틈날 때마다 생각을 언어화하면 좌뇌는 자동적으로 활성화되고, 그다음엔 좌뇌의 통합기능이 순조롭게 이루어져 문제들이 하나씩 풀리기 시작할 것이다.

: 문자 그대로 듣지 말고, 나쁜 말은 가려 하라

말하는 것 자체도 중요하지만, 가려서 듣고 제대로 말하는 것도 중요하다. 가려서 듣는다는 건 사람들의 말을 문자 그대로 고지식하게 듣지 말라는 뜻이다. 예를 들어, 누가 내게 "바보"라고 말할 때 진짜 내가 바보라는 생각으로 그럴 수도 있고, 귀여워서 그럴 수도 있으니 말이다.

물론, 어느 쪽인지는 나도 안다. 하지만 이 책의 주제인 마음 관리 측면에서는 좀 뻔뻔해지는 것도 필요하다. 세상에 공짜는 없다. 이 정도의 수고는 해야 한다. 누가 내게 "바보"라고 말하는 게 목숨이 왔다 갔다 하는 상황은 아니지 않은가. 내가 그걸 귀엽다는 쪽으로 해석한다 해서 헬레나 급의 미모도 아닌데 트로이 전쟁이 나겠는가, 사기꾼이겠는가, 상대방에게 막대한 피해를 입히겠는가. 진지한 상황이 아니라면 남이 하는 부정적인 말은 작은 돌처럼 멀리 던져버려라.

"어떻게 그렇게 말할 수 있어?"라면서 돌 같은 말을 굳이 들어올려 혹시라도 보물이 숨겨져 있는지 확인하지 말라. 더 중요한 건 돌 같은 말을 자주 던지는 사람은 가려서 만나라. 특히 우울할 때는 그런 사람과의 만남을 일시적으로 차단해야 한다. 가족이라도 예외 없다. 회복되고 여유가 생기면 다시 연락하든지 하자.

이번에는 당신이 말하는 것에 관해 얘기해보자. 어떤 언어를 쓰는지는 당신이 어떤 사람인지를 보여주는 동시에, 당신의 뇌에도 영향을 미친다. 크게 대수롭지 않은 상황인데도 "재

수 없어", "미치겠어", "죽겠어" 등의 말을 습관적으로 한다면 뇌는 실제로 그런 상황이라고 판단하고 그 원인을 아무 데서나 찾으려 한다. 그리고 그 피해는 고스란히 당신에게로 다시 온다.

이미 우리는 뇌가 거짓말을 할 때가 많다는 것을 알고 있다. 특히 애매모호한 상황에서는 부정적인 쪽으로 치우친 거짓말을 더 많이 한다. 왜곡하는 한이 있더라도 부정적인 경고를 해서 살고 보는 게 낫다고 판단하기 때문이다.

좌뇌를 '통합 뇌'라고 했던 가자니가는 "좌뇌가 이 기능에 너무 충실한 나머지 때로는 날조를 하기도 한다."고 했다. 그는 이런 현상을 유명한 분리 뇌 환자 연구에서 무수히 목격했다. 심한 간질을 치료하기 위해 뇌량절제술을 받게 되면, 좌뇌와 우뇌의 연결이 끊어진다. 이때 환자의 우뇌에 불 속으로 떠밀린 남자가 등장하는 끔찍한 비디오를 보여주어 부정적인 기분이 들게 만들었다.

그런 다음 무엇을 보았냐고 질문하면, 좌뇌는 실제로 아무것도 못 보았지만 기분이 안 좋은 것을 어떻게든 통합하여 설명하려 한다. 가자니가의 환자는 이유를 알 수 없이 무서웠다면서, 연구실 방이 마음에 들지 않거나 심지어 박사님(가자니가) 때문에 불안한 건지도 모르겠다고 말했다고 한다.

좌뇌는 정보가 부족하면 이처럼 쉽게 접근할 수 있는 것들을 엮어 무리가 있더라도 설명하려 한다. 앞뒤가 안 맞는 건

안중에도 없다. 이런 일들이 자주 일어나면 좌뇌의 특화 기능인 통합능력도 떨어지게 된다. 좌뇌의 날조는 누구에게나 일어나지만 우울증 환자는 그 빈도가 유난히 높다. 이들에게는 다음과 같은 좌뇌의 왜곡이 흔하다.

"불길한 예감이 들어. 무언가 안 좋은 일이 일어날 것 같아. 내가 이러는 이유는… (어제 그 사람이 바쁘다고 했으니) 내가 싫어진 게 분명해."

뇌과학자들은 뇌가 스토리를 좋아한다고 말하는데 우울해지면 유독 우울한 스토리를 많이 만든다. 처음부터 외부 정보 자체를 부정적인 것만 걸러 받고 불길한 용어만 쓰니 당연하다. 필터 자체가 고장 난 셈이다.

그렇게 되면 한정된 정보로만 처리하게 되어 좌뇌의 날조는 더 심해질 수밖에 없다. 제대로 말한다는 원래 뜻은 좌나 우로 치우치지 않고, 정확하게 판단해서 말하는 것이다. 하지만 우울증 환자들의 경우에는 부정적인 쪽으로 워낙 치우쳐 있으니 의도적으로라도 긍정적으로 말해야 균형이 맞는다.

우울증이 낫기 힘든 이유는, 말장난 같지만 보고 듣고 말하는 것이 온통 우울한 것이기 때문이다. 우울한 정보가 입력되니 뇌도 우울한 것들만 처리하느라 물들 수밖에 없다. 보이고 들리는 거야 외부에서 쏜살같이 들어오니 통제하는 데에도 한계가 있다. 하지만 말하는 것은 당신의 입에서 나가는 것이니 노력 여하에 따라 얼마든지 통제가 가능하다.

부정적인 말을 하지 않는 것은 다른 사람을 기분 좋게 하기에 앞서 당신에게 가장 필요한 일이다. 당신 입에서 나온 나쁜 말이 당신 귀에 가장 먼저 들어간다. 천 냥 빚을 갚을 정도로 말은 힘이 세다. 그 힘을 어떻게 사용할지는 당신에게 달려 있다.

감정은 주인공, 생각은 총괄 매니저

"그럼 감정은 중요하지 않나요?"

사람들에게 '생각하기'의 중요성에 대해 말하면, 자주 듣게 되는 질문이다.

그런 질문을 하는 사람들은 정말 감정이 중요한지 궁금해서가 아니라, '감정'이 중요한데 왜 '생각'만 강조하느냐고 따지려는 태세가 강하다. 나는 따지는 사람에게 약한지라 중요하지 않아도 중요하다고 말할 참이지만, 사실 정말 중요하다. 이성과 감정, 혹은 생각과 감정의 오랜 논쟁의 측면에서가 아니라 마음 약국의 운용 차원에서 대단히 중요하다. 앞에서 언급했던 요점을 다시 떠올려 보자.

'좋은 생각을 하면 좋은 감정이 생기고, 좋은 감정이 생기면 좋은 화학물질이 생성된다.'

지금까지 긍정적인 생각이 좋은 화학물질을 분비한다는

점을 강조했는데 생각과 화학물질 사이에는 사실 감정이 있다. 즉, 화학물질을 분비하는 진짜 주인공은 감정이라고 할 수 있다. 근데 주인공인데도 왜 숨겨놓았다가 지금에서야 등장시키는 걸까.

미국 조지워싱턴대학의 신경과학자 캔디스 퍼트는 감정이 특정 화학물질을 만드는 게 분명하다고 하면서 모든 감정에는 그것과 관련된 화학물질이 존재하며, 우리가 감정을 느끼면 몸의 세포들이 이 화학물질을 흡수한다고 했다.

우리가 평소 특정 감정 상태에서 하는 말들, 이를테면 슬픈데 심장이 아프다고 한다든지, 화가 났는데 속에서 열불이 난다고 한다든지, 질투가 나는데 배가 아프다고 하는 말을 떠올려보면 퍼트의 견해가 굉장히 일리 있다. 그녀의 말대로, 감정이 분비한 화학물질이 몸에 퍼져 자극을 주는 것으로 보인다. 몸의 세포들이 화학물질을 흡수해놓는 이유는 나중에 위험 상황에 대처하기 위해 오래 기억해야 하기 때문이다.

퍼트는 《감정의 분자》에서 감정이 단순히 화학물질을 만든다는 차원을 넘어 우리의 생명과 건강에 대단히 중요한 역할을 한다는 것을 언급한다. 그녀는 슬픔, 분노, 죄의식, 두려움 같은 부정적 감정들은 혈중 C 반응성 단백질 수치를 증가시켜 질병을 유발하는 원인이 되며, 반대로 기쁨, 즐거움, 행복과 같은 긍정적 감정은 면역항체를 증가시키는 등 면역력을 높이고, 질병 예방과 치료에 도움을 준다고 말했다. 그녀가 책의 이름을 《감정의 분자》라고 지은 것은 감정이 마치 분자처럼 실체를 갖고 작용한다는 것을 강조하기 위해서였다고 생각한다. 감정은 단순히 기분이 아니라, 분자처럼 치밀하게 우리의 몸과 정신에 스며들어 때로는 장악해버리는, 굉장히 강력한 것이다. 감정은 이 정도로 대단하다.

하지만 대단하고 중요한 것과, 그것을 다룰 수 있다는 것은 다른 문제이다. 산소가 중요하지만 우리가 직접 만들 수 없는 것과 같다. 앞에서 생각의 속도가 무지 빠르다고 했지만, 빨라도 잡을 수는 있다. 하지만 감정은 빠르고 말고가 없다. 그냥 거기 있기 때문이다.

바닷속을 빠르게 질주하는 온갖 '물고기'들이 생각이라면, 감정은 '바닷물'이다. 빠르지만 그래도 손으로 물고기를 잡을 수 있는 데 비해, 바닷물을 손에 담아봤자 다 빠져나갈 뿐이다. 분명히 실체도 있고 느낄 수도 있지만, 그걸 갖고 무언가를 해보기에는 참 적당치가 않다. 반가운 소식은, 형체를 잡기 힘든 이 감정을 생각이 다스릴 수 있다는 것이다. 중요한 부분이니 한번 요약해보고 예를 들어보자.

생각으로 감정 다스리기

1) 감정이 가장 중요하다. (ex. "비가 너무 많이 와서 불안해.")

2) 하지만 개입하기 힘들다. (ex. "뭘 불안해? 불안할 필요 없어.")

3) 생각으로 감정을 안정시킬 수 있다. (ex. "이제 겨우 이틀째인걸. 비가 충분히 내리면 곡식이 잘 익어서 가을에 맛있는 햅쌀 밥을 먹을 수 있을 거야.")

감정은 파티의 주인공과 같다. 공작새의 날개처럼 기깔나게 화려하고 변화무쌍하여 언제나 주목을 받는다. 하지만 히스테리를 부린다든지, 충동 통제가 안 되어 술에 절어 정신을 놓을 때는 스스로 자제가 불가능하다. 이럴 때의 뒷수습은 결국 총괄 매니저, 즉 생각의 몫이다. 파티의 주인공과 총괄 매니저에 비유한 감정과 생각의 관계는 문학적 비유가 아니라 실제로 뇌에서 일어나는 일이다.

뇌에서 감정을 주로 담당하는 영역은 변연계, 그중에서도 편도체이다. 사회심리학자이자 신경화학자인 매튜 리버만 교수는 대학생들에게 울거나 웃거나 놀란 표정의 사진을 보여주며 그들의 MRI를 찍어 보았다. 예상한 대로, 편도체 영역이 활성화되었다.

그다음에는 사진에 이름을 붙여보라는 지시를 했더니 편도체의 반응성이 줄었다. 이름을 붙이려고 생각하는 순간 감정을 담당하는 편도체의 활동이 줄었다는 말이다. 대신 생각을 주로 담당하는 영역인 전전두엽의 활동은 증가했다.

《우울할 땐 뇌과학》의 저자 앨릭스 코브도 자신의 감정 상태를 인지하면 전전두엽이 활성화되고, 전전두엽은 편도체를 진정시킨다고 말했다. 격한 감정 반응을 일으킬 때 활성화되었다가 생각하기를 통해 안정되는 편도체의 영상은 처음 접했을 때는 너무도 신기했지만, 지금은 아주 당연한 현상으로 간주될 만큼 상당히 많은 연구가 보고되었다.

심지어 인종 문제와 관련된 흥미로운 연구도 있다. 미국의 학생들이 낯선 흑인 남성의 사진을 볼 때는 편도체가 크게 활성화되었지만, 마틴 루서 킹, 덴젤 워싱턴 등 낯익고 긍정적인 이미지의 흑인 사진을 보여주었을 때는 그렇지 않았다고 한다. 낯설고 불편한 상황에서 유발되는 '감정' 반응은 '생각'으로 그 상황을 정의내리거나 긍정적으로 해석하면 가라앉는다.

: 감정을 다스리는 건 '생각'이다

감정은 우리가 어떤 상태인지 알게 해준다. 알아야 치료가 가능하기 때문에 이 부분은 너무도 중요하다. 하지만 치료 자체와 관련해서는 사실 감정이 할 수 있는 일이 많지 않다. 물론 당신이 다른 사람과 대화 할 때 상대방의 감정에 신경 쓰고 공감 해주면 빨리 안정되는 것 같고 당신에게 고마워할 것이다. 하지만 앞의 예에서도 보았듯이 불안한 사람에게 불안해하지 말라고, 그런 감정은 버리라고 해봤자 실제로 달라지는건 없다. 왜 불안하지 않아도 되는지 납득시키고, 다른 쪽으로 생각하도록 해야 빨리 상황에서 벗어난다. 그리고 마지막 단계에서 감정은 또 한번 중요한 역할을 한다. 안정되었는지 아닌지의 바로미터가 감정이기 때문이다.

유치원 교사들을 대상으로 1주 간격으로 2회의 집단 상담을 한 적이 있다. 첫날, 기분이 좋아 보이지 않는 5세반 교사가 낮에 너무 화가 났고 직업에 회의까지 들었다면서 "유난히 얄미운 아이가 있는데 얘가 나를 너무 무시하거든요."라고 말했다. 나는 이렇게 질문했다. "무시라는 건 정신 연령이 동일한 사람에게서 하찮은 대접을 받을 때 겪는 감정인데 선생님보다 정신 연령이 한참이나 낮은 아이가 선생님을 무시할 수 있을까요? 말을 못 알아듣거나 다른 문제가 있을 수도 있지 않을까요?" 순간 그 교사는 '어?'하는 표정을 짓더니 이내 "그렇게도 볼 수 있겠네요."라고 말하며 피식 웃음을 터뜨렸고 다른 교사들도 덩달아 웃었다.

일주일 후, 그 교사는 밝은 얼굴로 참석했고 어떻게 지내셨냐고 물으니 웃으면서 "뭐, 걔가 말을 안 듣는 건 여전했는데 예전처럼 화가 나진 않았어요. 말을 안 들을 때 나를 무시하는 게 아니라 아직 이해를 못 해서라고 생각하니 넘어가 지더라고요."라고 말했다.

첫날과 일주일 후의 감정은 이 사람의 심리상태를 보여주는 바로미터이다. 감정은 마음의 진단시약과 같다. 어떤 병이 있는지 알게 해주고, 마지막에 그 병이 나았는지 알게 해준다.

하지만 진단시약은 치료제가 아니다. 감정이라는 진단시약에 의하면 이 사람의 문제가 해결되었음을 알 수 있지만, 해결 방법은 '무시당한 게 아니었다'는 생각이었다.

마음을 움직이려면 생각이 아니라 감정을 설득해야 한다는 말이 있다. 특히 소비자 심리학에서 굉장히 중요한 이 개념은 광고에서 고스란히 반영된다.

마음을 움직이는 광고를 하나 떠올려 보자. 한 이동 통신 회사에서 올린, 자사의 IoT(사물 인터넷, Internet of Things) 기술로 '장애를 희망으로 바꾼다'는 컨셉의 광고이다. 광고의 주인공은 세 아이의 아빠인 실제 인물로, 예기치 않은 큰 자전거 사고로 어깨 아래로는 전혀 움직일 수 없는 척수 장애 판정을 받았다.

하지만 자신의 불행에 굴하지 않고 특수전동 휠체어를 구입하여 적극적으로 이겨내면서 합창단에서 활약하기도 하고, 여행도 다녀오고, 장애인식개선 교육 강사로 일하고 있다. 무엇보다도, 예전에 가족의 도움을 받았던 일상적인 일들을 통신사의 AI 스피커를 통해 해결한다. 광고의 하이라이트는 딸이 원하던 만화박물관을 같이 가는 장면인데, 만화박물관까지 가는 길을 검색하고 전시된 작품들을 미리 보면서 딸에게 설명해줄 것들을 준비하는 모든 과정을 IoT의 도움으로 할 수 있다는 내용을 전달한다. 활짝 웃는 딸을 사랑이 가득 담긴 눈길로 쳐다보는 아빠의 모습은 보는 사람들에게 큰 감동을 주었다. 또 소비자들에게 "이거 한번 써 봐야지"라는 구매 욕구도 자극했던 것 같다.

위의 광고처럼, 우리 마음이 움직인 것은 감정을 건드렸기 때문이라는 건 굳이 말할 필요가 없다. 자, 그런데 이렇게 감동을 주기 위해 광고사는 어떻게 했을까? 주인공이 웃으면서 "어려워도 이겨낼 수 있어요."라고 말하는 영상을 보여준 게 아니다. 광고사는 촘촘한 스토리를 만들어 감정을 설득시켰다. 소비자의 '감정'을 움직인 것은 스토리를 짠 광고제작자의 '생각'인 것이다.

그렇다면 이 책의 주제인 '스스로 행복하자'의 측면에서는 광고제작자가 누굴까. 당신이다. 그러니 당신의 '감정'은 당신의 '생각'으로 설득할 수밖에 없다. 다른 사람의 '생각'으로 당신의 '감정'을 움직여주면 편할 텐데 당신 스스로를 설득해야 한다는 것이 수고롭다. 하지만 이는 마음 관리 프로세스가 심플하다는 것이기도 하므로 오히려 마음 약사의 업무를 줄여주는 장점이 된다.

: 감정 다루기의 첫 단계는 표출

감정과 생각의 관계를 '파티의 주인공'과 '총괄 매니저'로 비유했는데, 총괄 매니저는 '엄근진(엄격 · 근엄 · 진지)'의 모습이라기보다는 사려 깊은 엄마의 모습에 더 가깝다. 아이가 울거나 화를 낼 때 사려 깊은 엄마가 하는 행동을 떠올려 보자. 일단 마음껏 울고 소리치게 놔둔다. 즉, 감정 다루기의 첫 단계는 감정 표출이다.

다만 성인은 아이처럼 냅다 울고 소리칠 수 없으니 품격 있는 방법이 필요하다. 앞에서 자신의 생각을 말하거나 쓰라고 했듯이 감정도 마찬가지다. 어떤 감정을 느꼈는지 말하라. 동료나 친구들과 수다를 떨면서 감정을 해소하라. 그럴 기회가 없다면 감정을 써보라. 방법은 앞에서와 동일하다.

쓰기와 관련해서, 텍사스대학교의 심리학 교수 제이미 페너베이커는 '표현적 글쓰기'라는 특별한 용어를 썼다. 고민에 대해 가슴 깊은 곳에 있는 감정을 글로 쓰면 감정이 노출되면서 해소된다는 의미에서이다. 그는 글쓰기가 정신적, 신체적 건강을 개선해준다는 것을 발견했다. 또 이를 뒷받침하는 연구도 지금까지 100건 이상 보고되었다.

방법은 어떤 형식이든 상관없다. 일기처럼 기술해도 되고 '지금 기분은?' 같은 자문자답의 형식도 좋다. 다만 감정을 꼭 표현해야 한다. 처음에는 최소한 3~5일 정도 연달아 하고, 오래 할수록 효과가 좋다.

《행복의 신화》를 쓴 소냐 류보머스키가 인용한 연구에 의하면 '표현적 글쓰기'를 한 그룹이 침실의 가구 배치 같은 중립적인 주제로 글을 쓰는 그룹에 비해 더 행복하고, 자신의 삶에 만족하며, 덜 우울하다고 했다. 게다가 몇 주 지난 후 추적해보니 이 사람들은 병원에 덜 갔으며, 면역 기능이 강해졌고, 학교나 직장에서 더 나은 성과를 보였고, 결근을 덜 했으며, 해고 후에도 직업을 찾을 가능성이 더 높았다고 한다.

심리적으로 안정시켜준다는 것은 이해되는데 면역기능까지 강해진 건 왜일까? 우리 몸과 뇌는 급하게 처리할 일이 없으면 시스템의 수리와 복구에 집중하는데, 이 역할을 담당하는 최정예 기사들이 면역계이니 그런 결과가 나오는 것이다. 면역계는 주인의 감정 상태에 따라 녹초가 되도록 일을 하기도 하고, 평안히 복구에 들어가기도 한다.

표현적 글쓰기가 효과가 있는 것은 감정의 카타르시스가 주된 이유겠지만, 류보머스키는 '감정의 납득'도 주요 요인이라고 했다. 납득이 되면 적응하고 넘어갈 수 있으며, 적어도 그 감정을 '줄여준다'는 것이다. 감정의 납득이란 어떤 감정을 느꼈다는 것을 이해하고 인정하는 것이다.

총알이 난무하는 전쟁터에서는 다리를 다쳐도 아픔을 모를 정도로 모든 감각과 감정이 무뎌진다고 한다. 오로지 생존에만 집중하기 때문이다. 마찬가지로 마음이 전쟁을 겪고 있을 때도 당시에는 감정을 제대로 느끼지 못한다. 그러다 보니 일종의 감정 불능증에 걸린다. 고통스러운데 아프지 않다 하고, 분노가 치솟는데 관심 없다고 한다. 그런데 글쓰기는 감정 인식력을 정상화시켜준다. 심리적 격랑의 한 가운데 버려졌던 감정들을 되새겨보며 '내 감정이다'라고 납득하는 것은 치료에서 꼭 필요한 부분이며, 글쓰기는 그 작업을 도와주는 대단히 좋은 방법이다.

앞에서 좌뇌는 '언어 뇌'를 넘어 '통합 뇌' 기능을 하기 때문에 기능이 저하되지 않도록 더욱 신경 써야 한다고 말한 바 있다. 그런데 좌뇌의 역할에는 흥미로운 게 또 있다. 바로 긍정 감정과의 관련성이다.

관련 연구도 꽤 많은데 《너무 다른 사람들》에서 리처드 J. 데이비드슨이 소개한 연구에 의하면, 피험자들의 이마 근육에 감지기와 16개의 전극을 부착해서 감정 반응을 살펴보았는데, 긍정적인 감정을 느낄 때는 웃음 짓는 데 필요한 근육이 움직인 동시에 좌뇌 전전두엽 영역이 강하게 활성화된 반면, 부정적인 감정을 느낄 때는 공포와 혐오의 얼굴표정을 담당하는 근육이 움직이고 우뇌 영역이 활성화되었다고 한다.

또 다른 연구에서는 10개월 유아 38명을 어머니 무릎에 편하게 앉힌 후 이마에 전극을 부착하고 웃거나 우는 여배우의 영상을 보여주었는데 여배우가 웃으면 좌뇌 전두엽이, 울면 우뇌가 활성화되었다. 신생아들을 대상으로 설탕물에는 좌뇌가, 신 레몬주스에는 우뇌가 활성화되었다는 것을 밝힌 연구도 있다.

이런 연구들을 통해 제기되는 좌뇌 - 긍정 감정, 우뇌 - 부정 감정의 관련성은 좀 더 포괄적인 분석이 필요하긴 하지만, 다시 한번 우울증 치료에서 좌뇌의 중요성을 보여준다. 앞에서 우울증 환자들이 좌뇌 활성이 낮다고 했는데, 그로 인해 언어 기능도 저하되고 긍정 감정마저 저하된다는 것이라 이래저래 기운이 빠지긴 한다.

하지만 우리는 좌뇌 기능을 상승시키는 쉬운 방법을 알고 있지 않은가. 부단히 말하고 쓰자. 소중한 사람들과 맛있는 음식을 먹으며 수다를 떨 때 왜 그렇게 즐겁고 울적함도 사라졌는지 확실히 이해된다. 맛있는 음식 때문이라고 생각했는데 수다, 즉 말하기 때문이었다는 것도 이제는 알겠다.

: 감정을 잘 타이르는 법

사려 깊은 엄마의 다음 행동은 아이를 조곤조곤 부드럽게 타이르고 올바른 행동을 가르쳐 주는 것이다. 즉, 감정은 표현하게 하되, 올바른 행동을 하도록 타이르는 것도 잊지 않아야 한다. 감정은 고집이 대단히 세서 일방적으로 명령하면 오히려 반항한다. 괜히 주인공인 게 아니다. 하지만 부드럽게 타이르면 감정은 어느새 팔짱을 풀고 웃으면서 상황을 종료시킨다.

마크 맨슨은 모로코 양탄자 상인과 흥정하는 방식으로 감정 뇌와 흥정해야 한다며 매우 세련되게 표현한 바 있다. 다행인 것은, 그 방법들을 이미 앞에서 살펴보았다는 것이다. 씽킹링을 끊어서 생각의 방향을 바꾸고, 긍정적 셀프 톡을 만들고, 주의를 전환해보는 모든 과정이 감정을 부드럽게 설득한다. 생각 바꾸기 방법을 먼저 살펴본 이유가 이 때문이며, 기억이 안 난다면 다시 읽고 오도록 하자.

어느 날 나는 거실의 화분을 물끄러미 보고 있다가 이파리에 생기가 없어 보여 물을 좀 뿌려주었다. 그날 오후에 책을 읽고 있는데 이런 말이 있었다. '식물이 시든다고 잎에 물을 주는 그런 바보가 어디 있단 말인가. 문제를 근본적으로 해결하려면 뿌리에 물을 주어야 한다.' 그 바보가 나였던 것이다.

이 바보는 1시간 후에 또 다른 바보짓을 한다. 시곗바늘이 멈추어져 있는 것을 보고 '어? 바늘이 왜 안 돌아가지?'라고 생각하며 시곗바늘을 현재 시각에 맞추었다. 좀 전에 읽었던 책의 저자는 이렇게 말했을 것이다. '시계가 고장 났다고 바늘을 맞추는 그런 바보가 어디 있단 말인가. 근본적으로 해결하려면 배터리를 갈아주어야 한다.'

그날따라 마음이 울적했다고 변명하면서, 독자들도 이런

바보 같은 행동을 한번쯤은 해보셨을 거라고 물귀신 작전을 써본다. 하지만 나도 억울하다. 이파리는 잠시 싱싱해졌고 시곗바늘도 잠시 돌아간 것을 분명히 내 두 눈으로 목격했다. 감정을 어떻게 해보려 할 때도 잠시는 싱싱해지거나 되돌아가는 듯이 보인다. 하지만 이는 이파리에 물을 주고 시곗바늘을 돌리는 것과 같을 뿐이다. 생각으로 감정을 조절하는 것이 뿌리에 물을 주고 배터리를 갈아주는 것 같은 근본적인 방법이다.

아울러, 표현적 글쓰기에 대해 추가로 말해본다면, 일어난 일을 적고 그에 대한 생각도 적고 가장 중요한 감정을 적는 것만으로도 충분히 해소되겠지만, 완전한 해결에 이르려면 감정을 타이르는 새로운 생각, 긍정적인 셀프 톡으로 일기를 마쳐야 한다. 감정을 적다가 너무 화가 나서 펜으로 종이를 찍어 내리고 찢어발긴 후 엎어버린 채로 하루를 마감한다면, 다음 날 기분 나쁜 채로 눈을 뜨게 될 것이다. 이러면 어제 공들여 했던 글쓰기가 원점으로 돌아가는 셈이다.

어떤 감정을 타이르기가 유난히 힘들 때는 아마도 당신이 큰 상처를 받았을 때일 것이다. 다시는 당신이 상처받지 않도록 그 감정을 꼭 기억해두기 때문에 웬만한 화유에는 눈도 꿈적이지 않는다. 이럴 때는 "고마워. 이렇게나 나를 지켜주려고 해서…."라는 말로 감정의 등을 두드려주면서 수고를 인정해주자. 그다음 "이제 괜찮아. 나는 극복할 수 있어. 그리고 애당초 그게 상처가 아니었을지도 몰라. 그러니 이제 그만 가도 되겠다."라고 타이르자. 이후 그 밤에 편안한 수면을 보장한다.

고등학교 시절에 가끔씩 일기를 썼다. 분초가 아까운 3학년 때도 일기를 쓴 날은 유독 더 힘들었던 날이었으리라. 나는 그날 일어난 속상했던 일을 적고 감정을 적고 새 다짐을 적는 순으로 일기를 쓰곤 했다. 그때는 몰랐지만 '표현적 글쓰기'를 했던 것이다. 그리고 역시 그때는 알아차리지 못했지만, 이렇게 일기를 쓴 날에는 어김없이 단잠을 잤다.

문제는 '자, 마음을 정리하고 밤새 한국사를 벼락치기 하는 거야'라는 의욕으로 일기를 쓴 거였는데, 평소보다 더 이른 11시부터 잠들어서 다음 날 아침까지 책상에 엎드려서 자고 있거나 아예 이부자리에서 행복하게 자다가 깬 경우가 허다했다는 것이다. 이불까지 덮고 잔 날에는 아침에 거실로 뛰쳐나가 누가 날 눕혔냐고 적반하장의 소리를 고래고래 지르기도 했다. 그러면 할머니께서 "아이고, 내가 그랬다. 책상에 꼬부라져서 불쌍하게 자는데 어쩌노?" 하셔서 더 이상 말도 못 하고 투덜대며 학교에 가곤 했다.

이렇듯 고단한 자에게 숙면을 허하는 게 표현적 글쓰기다. 덕분에 비록 몇 번의 시험은 망쳤지만, 그 힘들었던 시절을 큰 감정의 동요 없이 잘 버텨낼 수 있었다는 걸 이제 분명히 안다.

고등학교 졸업 후 30년도 더 지난 어느 날, 이삿짐을 정리하다가 고3 때 썼던 일기장을 보게 되었다. 앞부분 몇 장을 읽다가 나는 먹던 커피를 뿜었다. 얼마나 어이없는 내용이었는지 헛웃음만 나왔다. 모든 날의 내용이 대충 이랬다.

"오늘도 시험을 망쳤다. 죽고 싶다. 아니, 아예 모르면 몰라, 어제 밑줄에 별까지 다 쳐놓고도 틀려? 바보 멍충이. 정말 죽고 싶다. … 그래도 이렇게까지 틀렸으니 마지막 중요한 시험에서는 안 틀리겠지, 뭐. 이번 문제를 맞힌 애들이 전교에서 10명도 안 된다던데. 내일은 또 내일의 해가 뜬다. 힘내자."

'정말 죽고 싶다'는 문장 뒤에 눈물 자국이 있는 것으로 보아, 그때는 진심이었던 것 같다. 나는 고3 때 꽤 성숙한 사람이었다고 자부했었는데, 시험 망친 걸로 죽고 싶다니 이런 미련퉁이도 없다. 하지만 이렇게 유치하게 감정을 발산했기 때문에 마음을 다시 추슬렀다고 생각한다. 표현적 글쓰기를 할 때는 누가 볼 것도 아니니 그야말로 유치 찬란의 향연을 벌이기 바란다. 그래야 감정이 제대로 해소된다. 마지막 말만 잘하도록 하자. 반드시 일어나겠다는 희망의 셀프 톡 말이다.

그때는 그토록 절절했던 감정이 나중에 보면 얼마나 가볍고 심지어 웃기기까지 하는가. 우울할 때 당신이 느끼는 감정이 그때는 세상 무엇보다 무겁고 진실인 것 같지만 나중에 보면 깃털만큼의 무게도 되지 않을 수 있다.

자살 시도를 했던 사람이라면 첫 상담 때 재시도의 위험성을 반드시 체크해야 한다. 하지만 내가 만났던 이들은 한결같이 "다시는 안 할 것이다."라고 말했다. 살아난 후 겪었던 끔찍한 신체적 고통 때문이기도 하지만, 어떤 분의 말을 그대로 옮겨 보면 '정신을 잃기 직전의 그 순간, 이게 아닌데… 지금 엄청난 실수를 하는구나 싶었다.'는 것이다. 그 후회의 감정이 너무 강렬해서 다시는 그런 행동을 할 수 없다고 말한다. 우울할 때 느끼는 감정은 고3 때 느끼는 감정일 수 있다. 수능이라는 스트레스를 감안하면 진짜 감정인 것 같기는 한데, 그걸로 어떤 결정을 하기에는 탐탁지 않은 그런 감정 말이다.

부모가 아이를 다루듯이 감정을 잘 타이르자. 아이가 아무리 소중해도 아이 뜻대로만 중요한 결정을 내리지 않듯이 감정 또한 그렇게 다루어야 한다.

마음 관리의 '3일 타이밍'

마음 약사의 최대 이점은 조기 개입이라고 할 수 있다. 조기 개입의 기준은 몇 시간, 혹은 며칠일까?

: 우울을 훌훌 털고 일어나려면

어쩌다 한두 번 우울하다 해서 큰일이 일어나지는 않는다. 우울증으로 자살까지 생각하는 사람들도 처음에는 알게 모르게 증상이 시작된 것이지, 어느 날 눈 떠보니 해일같이 밀려오는 우울감에 휩쓸리는 건 아니다. 따라서, 초기에 마음 약사의 일을 시작한다면 문제가 심각해지는 걸 충분히 막을 수 있을 것이다.

물론 다소 오래 지속되어도 정상 범위로 인정되는 증상도 있긴 하다. 예를 들어 심한 스트레스 후의 반응은 6개월까지도 정상 범위로 보며, 우울증도 정확하게 말하면 거의 매일 지속되는 우울 기분, 흥미나 즐거움의 상실, 큰 체중 변화, 불면이나 과다수면, 초조감, 피로나 활력 상실, 무가치감이나 부적절한 죄책감, 사고력이나 집중력 감소, 죽음에 대한 생각 등의 증상이 2주 연속으로 지속될 때 진단한다.

그렇다고 이런 기준이 모든 사람에게 해당하는 건 아니다. 사람의 심리를 2주니 6개월이니 하며 자른다는 게 말이 안 되지만, 알고는 있어야 한다. 2주에서 1주 더, 또 1주 더 힘들 수는 있겠지만, 그 이상 길어지면 조치를 취해야 한다. 가랑비로 시작되었던 우울감이 나도 모르게 폭풍우로 변하기 전에 개입의 타이밍을 잘 잡아야 한다.

나는 신체 건강 전문가도 아니고 뷰티 전문가는 더더욱 아니지만, 지인들의 변비나 얼굴 피부 문제는 여러 번 해결해주었다. 내가 접근한 방법은 타이밍 맞추기다. 변비에 걸리는 사람들 중에는 아침에 늦잠을 자는 사람들이 많다. 생체시계는 아침에 배설을 하게끔 되어 있는데, 늦잠을 자서 배설 시점을 넘어서면 저장 모드로 돌아가 변비가 생기는 것이다. 이 때문에 아침밥을 먹지 말라고 주장하는 사람들도 있지만, 아침을 먹어도 되는 해결법은 최대한 일찍 일어나기다. 말 그대로 일어나야지, 누워서 눈만 뜨고 있거나 앉아서 핸드폰만 보고 있으면 소용없다. 일어나서 체조를 하든 동네 한 바퀴를 돌든 하체를 움직이면 아랫배에서 신호가 올 것이다. 배설 타이밍을 지키면 심한 변비는 걸리지 않는다.

피부가 나쁘다고 하소연하는 사람들 중에는 반대로 밤늦

게 자는 사람들이 많다. 생체 시계는 밤 10시 이후 수면 중에 피부 재생에 들어가는데, 깨어 있으니 회복 지점을 놓치는 것이다. 현대 사회에 살면서 10시에 잔다는 건 불가능하니, 차선의 방법은 10시 전까지는 무조건, 아니 집에 오면 최대한 빨리 세수하는 것이다. 그러기는커녕 낮에 하루 종일 먼지가 묻은 화장을 그대로 한 채 뒹굴고 심지어 '치맥'까지 먹으면서 새벽까지 동영상을 검색하다가 자니 무슨 수로 피부가 깨끗해지겠는가? 이런 사람들이 가장 많이 검색하는 동영상이 '여신 피부를 보장하는 화장품' 같은 것이다. 가능한 빨리 세수한 후 소식하거나 아예 굶고 일찍 자기를 3일만 하면 피부가 좋아지는 걸 느낄 것이다.

나는 타이밍 맞추기로 비염에도 큰 효과를 보았다. 비염의 원인은 굉장히 많지만 침구 진드기도 큰 요인이라는 걸 안 뒤, 주기적으로 이불 빨래를 했다. 추천하는 방법은 65℃ 이상에서 삶음 빨래를 한 후 햇볕에 말리는 것이다. 그러려면 면 100% 이불이어야 한다. 면 이불이 혼방보다 좀 비싸긴 하지만, 비염 치료에 드는 비용이나 마음고생에 비하면 훨씬 이득이다. 미세먼지가 심한 날에는 사용했던 이불은 세탁 바구니에 잠깐 넣어두고, 예전에 삶아 놓았던 이불을 먼저 사용한다. 다음 타이밍 전까지 이불 빨래를 못 했던 적은 한 번도 없었던 것 같다. 요즘은 건조기도 많이 사용하므로 각자 상황에 맞추면 될 것이다.

다만, 햇볕에 널어서 자연 살균하는 게 가장 좋다는 것만 알고 가자. 무엇보다 햇볕에 말린 이불 냄새는 절대로 건조기가 만들어내지 못한다. 햇살을 듬뿍 받은 이불을 덮는 순간 일곱 살 때 밖에서 뛰어놀 때 맡았던 냄새가 떠올라 자신도 모르게 미소를 짓게 될 것이다.

얘기가 잠시 다른 데로 흘렀지만, 나는 마음 관리 타이밍을 평균 3일로 본다. 예를 들어 직장에서 상사가 오늘 당신을 비난했다 치자. 하루 이틀은 보통 때처럼 보내도 된다. 맛있는 음식을 먹거나 노래방에서 소리를 지르거나 영화를 보는 등으로 기분을 해소하면 더 좋다.

하지만 기분이 안 좋은 채로 3일을 넘어가면 마음 약사 업무를 시작하는 게 좋다. 기분 나쁜 일을 자꾸 되새길수록 기억력 확장에는 도움이 될지 모르겠지만, 문제 해결을 내버려 둔채 오래 있다 보면 세로토닌이 고갈된다. 호두를 먹을 때 알맹이만 먹고 껍데기는 버리듯이, 스트레스 사건에서 현실적으로 해결할 수 있는 부분만 남기고 나머지는 얼른 내다 버리자. '훌훌 털고 일어나라'는 말이 이 의미다.

: 나쁜 감정의 과잉 기억화를 막아라
3일을 넘기지 말라는 이유는 이 이상 신경쓰게 되면 버려야 할 것들이 장기 기억으로 바뀌기 때문이다. 장기 기억된다는 것은 원래는 좋은 의미이다. 영어 단어를 외우는 상황을 떠올려 보자. 오늘 배운 단어는 하루 지나면 70%가 망각되고 3일 내에는 거의 망각되기 때문에 하루가 지나기 전에 한번 복습하고, 3일이 지나기 전에 한 번 더 복습해야 한다. 이는 기억 천재들이 공개하는 방법이기도 하다. 그들은 30일 후 한 번 더 복습할 것을 제안하기도 하지만, 일단 3일이 장기 기억으로 넘어가는 중요한 분기점이라 할 수 있다.

장기 기억으로 넘어간다는 것은 당신에게 중요하다는 의미이다. 영어 단어는 당신의 성공에 보탬이 되는 것이므로 장기 기억하도록 노력하는 게 당연하다. 하지만 부정적인 생각과 감정은 어떨까? 다시는 나쁜 일을 겪지 않도록 당신을 보호하기 위해서는 기억해 두어야 하지만, 그럴수록 세로토닌 분비를 감소시키므로 필요 이상 오래 기억해서도 안 된다.

그럼에도 낮에 있었던 기분 나쁜 일을 자기 전에 곱씹고, 다음 날 울며불며 또 떠올리고, 그다음 날 술 안줏거리까지 삼는다면, 마음 건강을 지켜내기란 요원하다. 영어 단어를 외울 때 영어 시간에 일어났던 기분 나쁜 일까지 기억하지는 않지 않는가. 알맹이만 먹기, 즉 실수나 잘못을 교훈으로 삼는 것까지만 하고 나머지는 3일이 넘어가기 전에 신경 *끄*는 게 옳다. 신경 *끄*기 방법은 앞에서 살펴보았다.

사실 부정적인 사건은 3일을 기다릴 필요도 없이 그 즉시로 장기 기억된다. 상처 입을수록, 모욕감을 크게 느낄수록, 기억으로 가는 속도는 빠르며 또 쉽게 망각되지 않는다. 이렇듯 부정적인 사건은 애쓰지 않아도 본능적으로 기억되므로 더 이상 신경 쓴다면 과잉 기억이 된다. 과잉 기억된 부정적인 감정은 당신의 뇌에 분탕질을 할 뿐이다.

그렇다고 해서 3일을 넘어가지 않도록 하라는 것이 3일 내에 문제를 완벽하게 해결해야 한다는 의미는 아니다. 이 문제를 계속 생각할 것인지, 핵심만 추려낸 후 더 이상 신경 쓰지 않을 것인지를 결정하자는 뜻이다. 불필요한 신경은 안 쓰는 게 맞지만, 30일 내내 마음이 힘들더라도 달라붙어 끝을 봐야 하는 일도 분명히 있다.

3일 타이밍은 기분 나쁜 일을 장기 기억으로 가져가지 않게 한다는 면에서 중요하지만, 반대로 어떤 일을 3일까지는 그저 관찰해보는 것만으로도 상황이 호전될 수 있다. 누가 당신에게 기분 나쁜 말을 하더라도 한 3일 정도 가만히 놔둬 보라. 첫날에는 증오에 가까운 감정이 일어나지만 2일, 3일로 가면서 그 감정이 시들해질 때가 많다. 보통은 부정적인 감정이 고조된 첫날, 대판 싸우게 되니 관계가 더욱 악화되는 것이다.

내담자 한 분은 아내가 기분 나쁜 말을 할 때마다 즉시 받아 쳤는데, 3일 타이밍 조언을 들은 후 입술을 물고 참아 봤더라. 이윽고 3일째 날에 '이 사람이 왜 오늘 늦지?'라는, 초유의 생각이 들더라고 했다. '아 나, 이젠 늦기까지 해?' 하는 화의 감정이 아니라 '왜 늦지, 납치라도 당했나?' 하는 걱정에 가까운 생각을 하는 자신에게 순간 짜증나기도 했지만, 이때의 경험을 계기로 최악의 결혼 위기는 넘어갔다고 한다.

애기를 한 김에 오해를 하나 풀고 싶다. 더 이상 신경 쓰지 말라는 말을 오해해서 어떤 문제를 심리 상담에서 오래 다루는 게 오히려 상처를 쑤시는 게 아니냐는 질문을 받을 때가 있다. 이는 심리 상담에 대한 극단적인 비평가들이 지목하는 부분이기도 하다. 우선, 이 책은 조기 개입과 자가 치료를 목적으로 쓴 거라는 걸 명심해주기 바란다.

따라서 개입자이자 치료자는 당신 자신이다. 일반인인 당신이 문제를 해결하려 할 때는 가능한 빨리 털어버리고, 신경 쓰지 않는 게 좋다고 말하는 것이다. 하지만 전문 심리상담을 받으러 갔다면 상황이 달라진다. 상담을 받으러 갔다면 상당 기간 상처가 남아 있었을 것이고, 이는 오랜 시간이 걸리더라도 아물게 하는 게 맞다. 상처를 그대로 둔 채 섣불리 봉합하면 오히려 더 위험하니까.

우리는 모두 타고난 의사이기도 하다. 그래서 체한 것 같을 때 처음에는 손도 따보고 따뜻한 물도 먹어보고 단식도 해보면서 자가 치료를 해보려고 한다. 하지만 증싱이 계속 있다면 결국 전문 의사에게 가서 진단을 받고, 심지어 위내시경도 찍어볼 수밖에 없다. 전문가는 상처에 대해 오랜 시간 애기해도 될 만하기에 전문가인 것이며, 또 오래 얘기해야 한다.

조기 개입의 성공 지표는 호수 같은 마음 상태가 아니다. 생각과 감정은 끊임없이 밀려오고 다시 밀려가는 파도와 같다. 하나의 파도를 잘 '달래서' 보내도 금방 다른 파도가 온다. 기운 빠지는 말이라 해도 어쩔 수 없다. 지구에 사는 한 파도를 없앨 수 없듯이, 살아있는 한 생각의 파도를 멈출 수는 없다.

다행인 것은 이제 우리는 파도 앞에서도 평온해지는 법을 조금은 안다. 작년에 강릉 바다에 갔을 때 모래밭의 매력에 새삼 빠진 적이 있다. 파도가 부서질 때 잠시는 젖는 듯이 보이지만 마술에 가까울 정도로 금방 물이 빠져 모래밭은 그대로다. 그토록 부드럽고 약해 보이는 모래가 어쩌면 그리도 단단한지 한참을 바라보았다.

우리도 그렇게 할 수 있도록 노력해야 한다. 오가는 생각의 파도는 통제할 수 없지만, 최대한 휘둘리지 않도록 해보자. 그러다 보면 모든 파도가 잠시 물러가 모래밭이 쉴 수 있도록 썰물의 축복이 내리듯이, 당신에게도 평온한 썰물의 시간이 기필코 온다.

여기 쓴 방법들이 우울한 사람에게 도움이 될 거라고 믿지만, 그럼에도 조기 개입의 목표는 문제에 대한 정확한 해결보다는 상황 악화를 막아 당신이 포기하지 않도록 하기 위함이라는 걸 강조한다. 일단 살고, 조기 개입으로 해결 안 된 부분을 반드시 정식으로 치료받기를 바란다. 살아있음의 위엄은 세상 무엇보다도 당신이 지켜내야 할 것이다.

나는 우리들 한 사람, 한 사람이 우주를 구성하는 빛이라고 생각한다. 가장 눈에 띄게 반짝이는 별 무리는 우리 눈에 마치 뭉쳐있는 듯이 보여도, 실제로는 그들 사이는 몇억 광년 떨어져 있다. 각자 존재하고 있는 곳에서 빛을 내고 있기 때문에 우주가 건재하며, 그중에 한 빛이라도 소멸하면 우주의 좌표가 어그러져 제 기능을 못할 것이다. 온 힘을 다해 우리들 각자 생명의 빛을 잘 지켜내자.

"좋은 방법이네요. 효과도 있을 것 같아요.
그런데 그럴 의욕이 안 생기네요."
우울한 사람들에게 마음 관리법을 알려주면
이런 말을 들을 때가 많다. 좋은 방법이 있다 해도
실행으로 옮길 부스터가 없는 것이다.
그들의 말을 듣고 상담가로서 반성하는 부분도 있었다.
내담자들에게 "지금은 힘들지만 곧 좋아질 것"이라면서
행복을 먼 미래의 것으로만 받아들이게 하지 않았나 싶다.
내일 쌀 열 가마가 들어온다 해도
오늘 당장 먹을 쌀 한 바가지가 없다면 소용없는데 말이다.
우울한 사람에게 오늘 간절한 쌀 한 바가지는
다름 아닌 '즐거움'이다. 온전한 회복까지는 시간이 걸리더라도
즐거움 한 바가지는 먼저 만들 수 있다.
그러면 마치 펌프에 마중물이 고이듯
마음 관리에 본격적으로 전념할 의지가 생길 것이다.

즐거움 한 바가지를 먼저 만들자

엘리자베스 길버트의 자전적 에세이인 《먹고 기도하고 사랑하라》는 전 세계적으로 천만 부나 팔렸으며, 영화로도 제작되어 큰 사랑을 받았다. 워낙 유명한 내용이지만 우울증 극복의 과정이 극적이면서도 재미있어 상기할 만하다.

뉴욕에 살고 있던 그녀는 남편과의 불화로 인해 오랫동안 우울증을 겪었고, 자해 시도까지 할 만큼 증세가 심해지자 프리랜서 작가로서의 업무도 수행할 겸 이탈리아로 향한다. 걱정과는 다르게 이탈리아에서 맛있는 음식을 먹고, 멋진 남성들에게 때로는 우정을, 때로는 애정을 느끼며 유쾌하게 살아가기 시작한다. 이탈리아 여행담이 시작되는 1부 도입부에서는 이탈리아어 공부를 위해 만난 잘생긴 남성이 자신에게 키스해주면 얼마나 좋겠냐는 속마음을 고백할 정도이다. 그다음에는 인도, 인도네시아를 차례로 여행하면서 우울감을 완전히 털어버리고 영적으로도 성숙해지는 여정을 담았다.

그녀 자신도 그토록 절망적이었던 상황에서 어떻게 행복

감을 찾게 됐는지 궁금했는지 곳곳에서 그 이유를 분석하는 글을 적었다. 그중 그녀가 인도로 넘어가기 전에 잠깐 들렀던 시칠리아에 관한 얘기가 재미있다. 정치가들의 부패가 매우 심했던 이탈리아에서도 이곳은 마피아들의 주 무대였을 만큼 황폐해졌는데, 이런 곳에서는 아름다움만이 유일하게 신뢰할 수 있는 덕목이며, 한 끼의 식사만이 유일한 가치로 통용되었을 것이라고 말한다.

그러면서 시칠리아 사람들이 품위를 유지하는 데 도움이 되었던 '즐거움의 향유'가 결국 자신이 존엄성을 회복하는 데에도 도움이 되었다고 밝힌다. 요리의 천국이라 불리는 나라에서 오늘은 또 어떤 음식을 먹을까 고민하며 하루를 보내다 보니 남편과의 불화를, 아니 남편 자체를 생각할 틈이 없었던 것이다.

앞에서 즐거움 한 바가지를 먼저 만들자고 했는데 사실 그냥 길버트처럼 즐거움을 향유하면 되겠다는 생각이 든다. 문제는 즐거움의 향유가 우울에서 탈출할 수 있는 좋은 방법인 건 알겠는데, 이런 기회를 갖기가 쉽지 않다는 것이다. 길버트 자신도 이 점을 인정한다. 그녀는 이 책의 출간 10주년 기념판의 서론에서 자신이 1년 동안 그토록 많은 곳을 둘러볼 정도로 운이 좋았다는 사실에 새삼 감탄했고, 이 책에 쏟아진 비난의 대부분이 흔치 않은 이 특권 때문이었다고 밝힌다.

그러고 보니 한때 베스트셀러였던 《꾸뻬 씨의 행복 여행》도 정신과 의사였던 작가가 병원 문을 닫고 여행한 얘기가 아니던가. 그 책을 서점에서 봤을 때, 당시 우울했던 나는 '직장을 접고 여행을 다닐 정도라면 누가 안 행복하겠어? 팔자도 좋으시네.'라는 삐딱한 시선으로 시큰둥하게 몇 쪽만 뒤적거렸던 기억이 난다. 길버트를 비난했던 사람들도 그런 심정이 아니었을까.

자자, 남의 행복을 질투하는 건 그만하고 이탈리아, 발리, 파리에 가지 않고도 행복할 수 있는 방법을 찾아보자. '여행'이라는 표면적인 모습을 걷어내고 들여다보면, 앞의 작가들은 스트레스 환경을 벗어났고, 새로운 사람들을 만났으며, 맛있는 음식을 먹었고, 특히 길버트의 경우에는 영적 지도자까지 만났다. 우리도 이렇게 하면 된다. 에너지가 바닥이어서 새로운 사람을 만나거나 영적 지도자를 만나는 것조차도 힘들다면 집에서도 할 수 있다. 앞에서 배웠던 '주의 전환 기법'을 사용해서 당신의 주의를 즐거운 곳으로 수시로 돌리면 된다. 방법은 많겠지만 내가 추천하는 방법은 '즐거운 활동 목록'을 작성해서 하나씩 시도해보는 것이다.

고작 '즐거운 활동 목록'이라니, 벌써부터 김이 샌다면 길버트 얘기를 좀 더 하련다. 길버트는 또 다른 자전적 에세이 《빅매직》에서 《먹고 기도하고 사랑하라》가 발간된 후의 칭송

만큼이나 엄청난 비난을 받았다고 밝힌다. 작가 사인회나 출판 관련 모임에서 그녀를 만난 많은 사람들은 하나 같이 자신이 쓰려고 한 책이었는데 기회를 놓쳐 아쉽다는 말을 했다는 것이다. 책에서는 그녀가 그들의 평가에 점잖게 응수하고 있지만, 속마음은 이렇지 않았을까 싶다. '그럼 진즉에 하시든지.'

즐거운 활동 목록의 효과가 미심쩍은가? 하지만《먹고 기도하고 사랑하라》라는 지극히 평범한 단어로 이루어진 책이 천만 부를 넘었다지 않은가? 그러니 나중에 "진즉에 하지 왜?"라는 말을 듣지 말고 그냥 지금 해보시라.

나는 즐거운 활동 목록에 적은 '영화 보기'를 하려고 '죽기 전에 꼭 봐야 할 영화 100선'의 제목을 갈무리해 놓은 적이 있다. 이런 제목의 '100선'이 수십 개나 있으니 즐거운 활동 목록에 영화 보기를 넣을 독자들은 검색해보기를 바란다. 우울할 때는 퇴근 후 이틀 걸러 영화를 본 적도 있었다. 하지만 차츰 2주에 한 번, 한 달에 한 번 식으로 간격이 넓어지더니 3개월 내내 한 번도 보지 않은 적도 있다. 이러다간 죽기 전에 100개를 다 못 볼 것 같다는 생각도 들었다. 그래도, 여러분들 덕분에 기운을 회복해서 이제는 영화에 크게 의존하지 않고도 잘 살고 있으니 깊이 감사할 뿐이다. 내가 그랬듯이, 독자들도 이 방법으로 효과를 볼 거라고 확신한다.

당신은 무얼 할 때 기분이 좋아지는가

이 질문에 답을 하려는 것만으로도 벌써 기분이 좋아질 것이다. 이제 본격적으로 즐거운 활동 목록을 만들어보자. 아래 예시를 참고하여 각자 편한 방법으로 하면 된다.

즐거운 활동 목록 만들기

1) 당신이 무엇을 할 때 기분이 좋고 즐거운지 떠올려보라.

2) 생각나는 대로 종이에 적는다. 예를 들어 영화 보기, 음악 듣기, 커피 마시기, 맛있는 음식 먹기, 친구와 수다 떨기, 여행하기, 잠자기, 목욕하기, 강아지 산책시키기 등을 적을 수 있다. 최소 50개 이상이면 좋겠다.

3) 적은 내용에 대해 즐거운 순위로 재정렬한다. 예를 들어, 1위 여행하기, 5위 영화 보기, 50위 강아지 산책시키기 등으로 순위를 매길 수 있겠다.

4) 목록을 예쁘게 만들어서 잘 보이는 곳에 붙여 놓거나 스마트폰에 저장해 놓는다.

50위에서 시작해서 올라가자고 하는 이유는 지갑이 두둑하다는 느낌을 받을 수 있기 때문이다. 당신에게 갑자기 100만 원의 공돈이 생겼다 치자. 지갑에 이 돈을 넣고 집을 나서는 발걸음이 이보다 더 가벼울 수가 없다. 가다가 커피 생각이 난다. 스타벅스에서 최고로 비싼 커피를 150번도 넘게 먹을 수 있는 돈이지만, 편의점 커피를 사서 햇볕 따사로운 공원 벤치에 앉아 마시면서 여유를 부려본다. 스타벅스 커피를 들고 가는 사람들을 봐도 슬며시 웃음만 나온다. '나는 100만 원이나 있다고!' 이 기분을 느껴보라고 50위부터 해보라는 것이다.

기분이 나아지지 않아도 49개나 더 할 것이 있으니 여전히 설렌다. 막상 해보면 40위권도 못 가서 기분이 좋아진다는 것을 알게 될 것이다. 꼭 50개를 만들 필요는 없으며 10개라도 좋으니 일단 작성해서 시작해보자.

좀 더 효과를 보려면 집에서 할 수 있는 목록, 돈 없이도 할 수 있는 목록, 혼자서도 할 수 있는 목록 등으로 세분화하면 좋다. 내가 추천하는 건 집에서도, 혼자서도, 돈 없이도 할 수 있는 목록을 작성하는 것이다. 집 밖에서, 누구와 같이, 돈 많이 들여서 할 수 없는, 외로운 시간에 할 목적으로 만드는 것이기 때문이다.

무엇보다 돈이 많이 드는 일이면 또 다른 스트레스가 생기니 조심하자. 이 목록의 1순위에 '1년간의 세계 여행'과 같은, 가진 돈 다 쏟아붓는 일을 적는 사람이 많다. 물론 나도 9순위에 있을 정도로 하고 싶은 일이다. 실제로 직장을 그만두고 장기간 세계 일주를 떠난 용감한 사람들에 대한 신문 기사를 볼 때가 있는데, 다른 행성에 갔다 온 양 멘탈이 한 단계 상승하고 영혼이 맑아 보이고 그저 행복해 보였다. 그러니 여유가 된다면 짧은 여행이라도 꼭 다녀오시기 바란다. 하지만 당신이 신문 기사를 장식하고 싶다면 몰라도, 우울 치료 목적으로 전 재산을 들여 세계 여행을 가는 경우는 매우 드물 것이라 장담한다.

조심할 것은, 아무리 즐거워도 특정 활동을 너무 오래 하면 안 된다. 뇌는 익숙해지면 금방 싫증을 내기 때문에 너무 오래 하면 즐거움의 강도가 약해진다. 오늘 스트레스를 많이 받았다고 한꺼번에 영화를 두 편, 세 편 연달아 보면 효과가 떨어진다는 말이다. 한 편 보고 집안일 등을 하면서 서너 시간쯤 건너뛴 후 다시 보거나 다른 활동을 하기 바란다.

우울증 예방에 좋은 '즐거운 활동하기'를 새벽까지 즐기는 청년 세대가 오히려 우울을 많이 겪는 것도 지나치게 오래 하기 때문이다. 그리고 자신이 즐겁게 사는 게 아니라 다른 사람이 즐겁게 사는 것을 더 많이 보기 때문이다. 물론 다른 사람의 즐거움을 보는 것도 작은 즐거움이긴 하지만 비단 즐거움뿐만일까.

다른 사람들이 SNS에 올린 의식주를 볼 때, '정말 내가 즐거운 게 맞나?' 반문해 보자. 영화나 드라마를 볼 때는 주인공이 가상의 인물이라는 걸 안다. 하지만 인터넷 영상의 주인공은 마치 친구 같고, 또 실제로 친구이기도 하기에 현실적인 열등감이 촉발될 수밖에 없다.

누군가 사진이나 영상을 SNS에 올릴 때는 대체로 자신의 가장 즐겁고 행복한 시간, 즉 남들이 부러워할 만한 일을 올릴 것이다. 하지만 그걸 보는 사람은 그 사람이 하루 종일 행복하다고 착각한다. 곧 죽을 사람이라도 잠시 사진을 찍고 영상을 올릴 때는 세상 환한 웃음을 지을 수 있다.

천국에 관한 우스갯소리를 들어본 적이 있을 것이다. 죽어서 천국에 들어온 사람들을 분류하던 가브리엘 대천사가 유독 웃는 표정으로 있던 한 무리의 사람들을 보고 자신이 찾던 의인들인가 해서 반가워하며 가까이 갔단다. 알고 보니 이들은 모두 한국인이었고 벼락이 치기 직전에 사진을 찍게 되어 '김치~' 했다는 것이다. 타인의 김치 스마일에 현혹되지 말고, 차라리 김치전을 직접 해 먹으면서 당신 자신이 주인공이 되는 즐거운 일을 해야 한다.

즐거운 활동을 하면 기분이 안 좋을 수는 없다. 다른 기분 나쁜 생각이 끼어들지만 않으면 말이다. 수능을 마친 고등학생이 그동안 미뤄 두었던 영화, 드라마 등 온갖 영상을 하루 종일 봤단다. 그런데 갑자기 재미도 없고 우울해졌단다. 좀 전에 말했듯이 하루 종일 보는 바람에 즐거움의 효과가 반감되었을 것이다. 그런데 그날은 크리스마스였고 이 학생이 평소 친구를 잘 사귀지 못한다는 걸 알고 있던 터라 다른 요인도 있었을 거라 추측했다.

"혹시 보다가 무슨 생각한 거 아닌가? 다른 애들은 끼리끼리 모여서 노는데 나는 집에서 뭐하는 거지, 그런?"

학생은 "맞아요. 그렇게 생각했어요. 그리고 나서부터 재미가 없어졌어요."라고 시인했다. 크리스마스에 집에서 혼자 즐거운 일을 하는 건 기분 전환에 한계가 있다. 이럴 때는 즐거운 일의 내용을 바꾸어야 한다. 요리를 하거나 쇼핑을 하거나 달리기를 하는 식으로 몸을 움직여 좀 더 적극적인 주의 전환을 해야 한다. 그러면 부정적인 생각이 끼어들 여지가 줄어든다.

기분 나빴던 생각을 받아치면 더욱 좋다. '크리스마스에 꼭 누구를 만나야 행복하다는 것도 선입견이야. 크리스마스 때 다투고 헤어지는 연인이 얼마나 많은데…. 상민이도 작년에 여친한테 절교당해서 최악의 크리스마스라고, 아니 인생 최악의 날이라고 소리치고 그랬잖아. 강남에서 줄 서서 사 먹는다는, 비싼 레드벨벳 크림치즈 케이크 한 조각과 슈크림 라테를 특별히 나한테 선물하자. 사갖고 와서 마저 영화를 봐야지.'라고 중얼거리면서 다녀오면, 언제 그랬냐는 듯 마음이 개일 것이다.

꼭 케이크가 아니더라도 '즐거운 활동 목록'에 적어둔 음식을 고른다면 효과가 더욱 좋을 것이다. 누군가에겐 케이크보다는 치킨이나 '엽떡'이 소울 푸드일 테니. 혹시라도 마음이 너무 개여서 방방 뛰게 되면 감정을 식히는 활동들, 이를테면 그림 그리기, 글씨 쓰기, 스토쿠 게임, 크로스워드, 필라테스, 요가 등을 할 것을 노파심으로 말씀드린다.

'즐거운 활동 목록'이라 해서 꼭 즐거운 것만 적을 필요는 없다. 마음 편해지는 일, 평화로워지는 활동도 정말 좋다. 사실 '평화로움이 깔린' 즐거운 일이 세로토닌 분비에 가장 좋다. 오히려 쾌락의 수준이 너무 높은 고강도의 즐거운 일은 반대한다. 당장은 즐겁지만 이내 꺼지고 내성이 생겨서 이후에는 그 어떤 즐거운 일도 찾을 수 없기 때문이다.

또한, 잠시 즐겁지만 나중에 후회할 일을 해서도 안 된다. 하려는 활동에 기본적으로 평화로움이 깔려 있는지 생각해 보면 판단이 쉽다. 예를 들어 폭식이나 폭음, 심지어 마약 등은 나중에 평화로움을 가져다주지 않는다.

앞에서 언급했던 캐롤 하트는 반가운 정보를 알려준다. 일단 어떤 동작을 시작하면 세로토닌 분비가 촉진된다는 것이다. 우울해서 누워만 있고 싶더라도 일단 일어나면 세로토닌이 분비된다. 물고기 밥이라도 주면 또 분비된다. 하물며 즐거운 일을 한다면 더 말할 것도 없다.

신경심리학자들은 뇌가 고정된 게 아니며, 생활을 바꾸면 뇌도 바뀐다고 말한다. 당신의 사소한 행동도 뇌의 배선을 바꾼다. 이왕이면 즐거운 일을 자주 해서 우울했던 뇌의 배전판을 바꿔보자.

즐거움이 두 배가 되는 '도파민 매직'

즐거운 활동을 하면 분명히 기분이 좋아지지만, 한 가지 부작용이라면 즐겁지 않은 일, 하기 싫은 일은 정말 하기 싫어진다는 것이다. 그런데 하기 싫은 일과 즐거운 일을 섞어서 할 때 오히려 즐거움이 배가 된다.

그 예로 떠오르는 내 경험담이 있다. 테트리스 게임이 한국에 상륙했을 때가 언제였는지는 모르겠지만, 내가 처음 접한 것은 대학원 때였다. 8비트 컴퓨터 시대가 저물고 16비트 컴퓨터가 사용되던 시기로, 극소수를 제외하고서는 대부분 실험실 내에 비치된 공용 컴퓨터를 사용했다. 여기에 누군가 이 게임을 깔았는데 실로 그 재미가 대단했다.

문제는 내가 이런 게임에 정신을 빼앗길 줄 진정 몰랐다는 것이다. 어쩌다 한번 해본 뒤로 밤에 누워서도 천장에 도형들이 나타났고, 컴퓨터를 켜면 먼저 게임하고 나서야 원래 하려던 일을 할 수 있었다. 한 달 정도 이러다 보니 안 되겠다는 위기감이 들었다. 석사 논문을 써야 했기 때문이다. 공용 컴퓨터에서 게임하는 데 몇십 분을 훌쩍 써버리니 다음 사람에게도 여간 눈치가 보이는 게 아니었다. 나름 찾은 대안이 영어 논문 2개를 리뷰하고 나면, 그 상으로 게임을 하는 것이었다. 그런데 뜻밖에도, 이렇게 했을 경우 즐거움이 더 커지는 게 아닌가!

특히 논문 리뷰를 끝내기 직전의 희열감이 엄청났다. 게다가 빨리 게임하고 싶다는 마음 때문에 일의 처리 속도는 오히려 더 빨라졌다. 하기 싫은 일을 즐거운 일 앞에 배치했던 게 유효했던 것이다. 이 방법으로 '오늘은 논문 3개 본 후 게임하기', '오늘은 서론 완성 후 게임하기' 식으로 스스로를 통제하여 마침내 논문 쓰기를 마칠 수 있었다.

요약하면, 당신이 우울하다면 즐거운 활동을 반드시 해야 한다. 대신, 생활을 등한시하면 안 된다. 일상 생활을 하면서 잠깐씩 즐거운 일을 해야 정말 재미있기 때문이다. 더 좋은 방법은 내가 그랬듯이 하기 싫은 일을 먼저 한 후 자신에게 상을 주는 셈 치고 즐거운 일을 하는 것이다.

여담으로, 테트리스 게임 덕분에 미저 몰랐던 내 성격을 알게 되었다. 나는 얼마든지 유희에 중독될 수 있는 유형이었던 것이다. 그래서 지금도 월정액으로 운영되는 엔터테인먼트 프로그램은 영화든 드라마든 음악이든 일절 가입하지 않는다. 돈을 좀 더 주더라도 즐기고 싶을 때 들어간다. 내게 중독 성향이 있다는 것을 굳이 또 확인하고 싶지도 않고, 이렇게 하는 게 즐거움이 훨씬 크다는 걸 알기 때문이다.

최상급 한우 스테이크를 먹을 수 있는데, 수입산 쇠고기 햄버거를 먹을 이유가 없다. 월정액에 가입하면 돈이 아까워서 필요 이상 접속하게 되고 그러다 보면 눈·귀가 멍해지고 뇌도 생기를 잃는다. 영화를 두세 편 연달아 보고 나서 거울을 본 적이 있는가. 영혼 없는 좀비가 되어 있다. 눈이 빛나는 즐거움이 아니라 발효되어 시큼털털한 사과주스를 먹은 것 같은 느낌일 뿐이다.

좀 전에, 논문 리뷰를 마치기 직전의 희열감이 엄청났다고 했는데, 그때는 그 희열감이 곧 게임을 할 수 있다는 기대 때문이라고 생각했다. 그런데 더 중요한 이유가 있었다는 걸 나중에 알았다. 일을 '완료'했을 때 도파민이 분비되었던 것이다.

도파민은 쾌감을 만들어내는 신경전달물질이라고 불릴 정도로 기쁨과 행복감을 불러일으키는데, 어떤 일을 끝내거나 새로 배울 때 활발하게 분비된다. 논문을 쓰면서 새로운 지식을 배우고 그날 해야 할 작업을 마쳐 도파민이 분비된 데다 곧 게임할 수 있다는 즐거움과 보상이 더해져 희열감이 더욱 컸던 것이다.

더욱 좋은 소식은 한번 뇌 회로가 이렇게 형성되면, 그다음에는 자동적 흐름으로 넘어간다는 것이다. 게임을 나중으로 미뤄놓고 읽을 논문 수를 늘리거나 본문을 먼저 쓰는 게 쉬워지는 것이다. 그때는 그래도 내가 통제력이 있는 사람이라고 자화자찬하며 우쭐했는데, 알고 보니 도파민 매직 때문이었다.

안타깝게도 우울증 환자들은 어떤 일을 '완료'해보는 경험이 부족해서 이 매직의 혜택을 받지 못한다. 아무리 작은 일이라도 상관없으니 일단 끝내보자. 도파민은 당신이 노벨상을 받든 화장실 청소를 하든 차별하지 않고 그저 '끝!' 소리만 들으면 분비된다. 그 일 후에 즐거운 일을 예약해 놓으면 끝내기가 쉽다. 좋은 소식 하나 더, 도파민은 일을 끝냈을 때뿐만 아니라 계획할 때도 분비된다. '자, 이 일을 이렇게 마친 후 몇 시부터 게임을 하는 거야.'라고 계획을 세우기만 해도 벌써부터 즐거워지기 시작한다. 완료를 못 해도 좋으니 일단 계획이라도 세워보자.

내가 아는 워킹맘은 싱글들이 불금의 열정을 피워내는 금요일 저녁에 오히려 주중에 못 했던 집안일을 다 한다. 어떨 때는 밤 12시, 새벽 1시까지 할 때도 있다고 한다. 그리고 나서, 다음 날 토요일 아침부터 일요일 저녁까지 가족과 함께 환상적인 주말을 보낸다고 한다. 순서를 이렇게 바꾸었더니 금요일 늦게 집안일을 할 때도 전혀 피곤하지 않다고 한다. 도파민 샤워를 해봤음에 틀림없다.

싫어하는 일을 빨리 해치우는 비결

할 일을 먼저 하고 게임을 나중에 하는 게 가능했던 데에는 도파민 매직 외에도 '프리맥 원리'가 하나 더 있다. 심리학자 데이비드 프리맥이 발견한 이 이론은 '일어날 확률이 높은 행동은 일어날 확률이 낮은 행동에 대해 강화물로 작용한다.'는 원리이다.

좀 더 쉽게 말하자면, 선호하는 반응(행동)은 덜 선호하는 반응(행동)을 강화하여 행동의 발생 빈도를 증가시킬 수 있다는 뜻으로, 내가 선호하는 행동이었던 게임은 덜 선호하는 행동인 논문 쓰기를 강화하였기에 논문 작업을 즐겁게 할 수 있었던 것이다.

프리맥 원리는 지금도 나의 중요한 생활의 법칙으로 남아 있다. 예를 들어 치킨을 시켜 놓고 배달 오는 사이에 하기 싫은 화장실 청소를 한다든지, 좋아하는 드라마가 시작되기 전에 빨리 설거지를 끝내는 것이다. 예전에는 청소할 생각을 하면 1시간 정도 걸릴 것 같아 하기도 전에 질려버렸는데 이런 식으로 하면 30분 안에도 마칠 수 있다.

우울할 때는 밥 먹기도 싫다. 청소는 더욱 엄두도 못 낸다. 즐거운 활동을 시작할 시간에 알람을 맞춰 놓고 청소하고 밥을 하라. 그리고 꼭꼭 씹어서 잘 먹고 설거지한 후 '잇츠 쇼 타임!'으로 들어가시라.

생각해 보면 우리 할머니들과 어머니들이 다 사는 구멍이 있으셨던 거다. 요즘에도 그런지 모르겠지만 예전에는 방송 3사가 모두 아침드라마를 방송했다. 마치 시간도 미리 짠 것처럼 30분 간격으로 방송해서 한 쪽을 보느라 다른 쪽을 못 볼 일이 없었다. 인간미 돈는, 진정한 소비자 중심 운영이었다. 어머니들이 욱신거리는 허리 통증을 참아 내면서 아침을 차려 가족들이 먹고 나가면, 드라마를 보며 "아이쿠 저 죽일 놈!" 하면서 당신들만의 쇼 타임을 가졌던 것이다. 드라마가 모두 끝나면 잠시 제정신이 돌아와 전화통을 붙잡고 울며불며 신세 한탄을 하다가도 장독대 뚜껑을 열고 이불을 말리고 고추가 잘 마르고 있는지 확인했다. 이윽고 날이 저물면 온몸이 파김치가 되어 있지만, 저녁 드라마가 또 기다리고 있으니 부지런히 쓸고 닦은 후 당신들만의 경건한 쇼 타임을 다시 즐겼다.

내가 젊었을 때는 어머니들의 이런 모습이 이해되지 않았지만 이제는 안다. 그렇게 해야만 고단한 삶을 그나마 견뎌낼 수 있었다는 것을. 백화점에 가서 옷 한 벌 사기도, 성지순례 여행을 가기도, 심지어 동네에서 하는 실버 수영 프로그램에 등록하기도 어려울 때 유일하게 숨통을 틀 수 있었던 방법이었다는 것을.

한번은 친구가 전화를 한 적이 있다. "엄마가 요즘 통 웃지도 않고 말도 잘 안 해. 병원에 가봐야 하나?" 나는 어머니가 드라마는 꼭 챙겨 보시냐고 물었고 친구는 그렇다고 했다. 나는 진심으로 말했다. "아직은 괜찮으신 것 같네. 섭섭한 거 없었는지 여쭤봐."

우울하더라도 당신만의 쇼 타임을 갖고 있다면 반드시 일어날 수 있다. 즐거운 활동 목록에서 하나를 골라 오늘이나 내일 몇 시에 하기로 알람을 맞춰놓고 일을 시작하자. 움직이기만 해도 세로토닌이 분비된다고 했다. 일을 마치면 도파민도 분비된다. 그렇게 다시 정상적인 생활로 돌아오게 된다.

그래도 일을 하기 싫을 때는 '점진적 접근 원리'에 따라 움직여 보자. 목표 행동을 수행하기 전에 작은 행동을 하나씩 한다는 뜻이다. 예를 들어, 음식물 쓰레기를 버리기 싫을 때 일단 부엌 입구에 잠시 둔다. 그러다가 물 마시러 나왔다가 현관 앞으로 조금 위치 이동시킨다. 마지막으로 우유 사러 나갈 때나 도저히 쓰레기 냄새를 견딜 수 없을 때 버린다.

우울할 때는 나을 때까지 스몰 스텝으로 살겠다고 가족에게 양해를 구한 후 생활 속에서 조금씩 전진하자. 점진적 접근 원리는 하기 어려운 일을 해낼 때도 도움이 된다. 《아주 작은 반복의 힘》에서 로버트 마우어가 언급했던 영국 여성의 사례가 있다. 의사로부터 차에 설탕을 네 스푼씩 넣는 습관을 버리라는 말을 들은 후, 세 스푼까지 없애는 것은 성공했지만 마지막 한 스푼은 도저히 안 되더라는 것이다. 하지만 포기하지 않고 한 스푼의 설탕에서 알갱이를 하나씩 없애기 시작했다고 한다. 드디어 1년 후 마침내 성공했고 이때 그녀의 나이는 45세였다. 설탕을 줄인 후 건강한 생활을 할 때의 평균 수명에서 아직도 반이나 남은 것이다.

운동하기 싫을 때는 그냥 산책이나 나가보자고 생각하며 한 발짝만 내디뎌 보자. 한 가지만 약속했으면 좋겠다. 산책할 때만이라도 당신 자신에 대한 관심을 접고, 밖의 것들에 주의를 돌려 보겠다고.

그러면서 당신이 그동안 존재감이 없었어도 해는 여전히 빛나고, 바람은 여전히 상큼하며, 꽃은 여전히 자태를 뽐내며 당신이 봐주기를 기다렸다는 것을 알았으면 좋겠다. 당신이 '존재감'이 없다고 생각했을 뿐이지 여전히 그들 속에서 '존재'하고 있었음을 알았으면 좋겠다. 당신 없이도 세상은 잘만 돌아갔던 것이 아니라, 사실은 당신이 여력 없는 동안 당신을 기다리며 지켜주고 있었음을 알았으면 좋겠다.

한 걸음씩 떼다가 마음이 내키면 한번 달려도 보는 것이다. 30분을 달렸다면 '완료'가 되어 도파민이 분비된다. 그것도 싫으면 돌아오면 된다. 그래도 세로토닌은 이미 분비되기 시작했다. 하루에 5분이라도 좋으니 세로토닌 분비를 멈추게만 하

지 말자. 그래서 다음에는 세상이 잘 돌아가도록 당신이 거들
어 주도록 하자.

생활 속에서 세로토닌 축적하는 법

여기까지 읽은 독자들의 노고를 안다. 최대한 쉽게 써보겠다고 했지만, 쉽고 간단한 얘기만은 아니었다. 이해가 잘 되고 실행해본다 해도 생활로 돌아가면 또 다른 문제가 기다리고 있다.

전문가 자격증을 따기 전 대학원 때 5박 6일의 집단 심리 상담 수련을 받으러 간 적이 있다. 심리학의 프로(상담 교수)와 준프로(대학원생)들이 모여 위로와 지지를 주고받는 곳은 천국이 따로 없었고, 이런 분위기 때문이었는지 깊은 공감을 서로 나눈 선남선녀가 하산 후 결혼까지 간 사례도 있었다.

하지만 수련을 마친 후 생활로 돌아왔을 때는, 무언가 깨달은 듯했고 새롭게 살아보리라 작정했던 것들이 그저 꿈만 같았다. 오히려 사는 게 더 구차해지는 느낌도 들었다. 사람들이 왜 사이비 종교에 빠지는지 이해가 갈 정도였다. 내담자들이 잘 맞는 상담을 받는다 해도 1주 혹은 2주에 1시간 정도이다. 나머지 생활은 스스로 버텨야 하니 다음 상담 때 만나면, 지난

번에 보였던 눈의 반짝임이 흐릿해져 있을 때가 많다. 이를 다시 돌리느라 또 몇십 분이 걸리기도 한다. 치료와 생활의 간극을 좁힐 수 있다면 회복은 더욱 빠를 것이다. 지금부터 다루고자 하는 내용이다.

이 책의 주제를 한 줄로 표현하라면 '세로토닌을 잘 분비하자'이다. 그런데, 다행히도 생활 속에서 자연스럽게 세로토닌을 축적하는 방법이 있다. 사실 약물치료나 심리치료는 세로토닌 분비에 문제가 생겨 받는 것인데, 생활 속에서 세로토닌을 잘 분비할 수 있다면 굳이 치료를 받을 필요가 없을 것이다.

예전에 내가 우울해졌을 때를 돌이켜 보면, 그 전에 생활에 뭔가 문제가 있었다는 생각이 든다. 그때는 우울해서 생활이 어그러진 거라고 여겼는데 생활 문제가 더 우선이었을 수도 있다.

'생활'을 최대한 단축해서 정의해 본다면 먹고, 자고, 일하기일 것이다. 결론부터 말하면 잘 먹고, 잘 자고, 무리하지 않고 즐겁게 일하면 세로토닌은 저절로 분비된다. 심지어 어깨를 펴고 책상에 다리를 올리는 '사장님 자세'를 취하기만 해도 분비된다는 말이 있다. 앞에서 세로토닌을 '축적한다'는 표현을 썼는데 생활 속에서 세로토닌을 분비하는 것은 약을 먹을 때처럼 하나의 활동만으로 강도 센 효과를 내는 게 아니기 때문이다. 먹고, 자고, 일하기의 각 활동에서 10%, 15%씩의 세로토닌을 축적해서 100%에 달하도록 하는 게 목표이다.

사실 생활은 다 연결되어 있다. 잘 자면 잘 먹게 되고, 잘 먹으면 일도 즐겁게 하게 되어 있어서 세로토닌을 축적하는 게 그리 어렵지 않다. 하나씩 살펴보자.

: 건강한 집밥은 몸을 '5성급 호텔'로 만든다

먹는 게 중요한 이유는 세로토닌이 장에서도 분비되기 때문이다. 이는 굉장히 중요한 사실이다. 세상에 알려진 것도 비교적 최근의 일이다. 실제로 소장에 있는 신경세포가 척수에 있는 신경세포만큼 많다는 것이 밝혀져 장을 '제2의 뇌'로 부르기도 한다.

심지어 세로토닌의 95%가 장에서 분비된다고 주장하는 학자도 있는데, 이 주장이 맞다면 뇌에서는 5%만 분비되는 셈이다. 조금 과장해 말한다면, 생각의 방향을 바꾸고 긍정적인 셀프 톡을 만들고 즐거운 활동 목록을 실행해봤자 잘 먹는 것에 비하면 '새 발의 피'일 수도 있다는 얘기다.

하지만 실제로 나는 '뇌의 기여'를 이보다는 훨씬 높게 본다. 그리고 양보다 질도 중요하다고 생각하고. 어쨌든, 당신이 먹는 음식이 당신의 기분을 좌우하는 건 확실하다. 우울하면 실제로 잘 안 먹게 되는데 그동안에는 이를 에너지 수준 저하 측면에서만 보았지만, 세로토닌 분비 자체에 영향을 준다니

목숨 걸고 먹어야 한다.

먹으려 해도 밥맛이 없는 걸 어떻게 하냐고 물으신다면, 바나나 한 개도 못 드시겠냐고 말하겠다. 세로토닌을 분비하는 음식이란 트립토판이 풍부한 음식을 말한다. 트립토판이 풍부한 음식은 많은데, 바나나도 그중의 하나이다.

우리에게 세로토닌이라는 단어가 친숙해진 데에는 이시형 박사님의 공이 컸다고 생각한다. 이분의 책 이름 자체가《세로토닌하라!》일 정도로 전문용어인 세로토닌을 보통명사로 바꾸어 놓았다. 박사님은 여러 책과 강연 외에도 한 교양 예능 프로그램에 나와 '세로토닌 주스'를 직접 만들어 보여주기도 했는데, 바로 바나나와 사과를 반반 섞어 갈은 것이었다. 유튜브 등에서 '세로토닌 음식', '트립토판 음식'을 검색하면 엄청나게 많은 영상을 볼 수 있다. 정신과 의사, 내과 의사, 한의사, 건강 코치 등 영상을 올리는 사람들도 무척 다양하며 대충 보아도 유익한 정보들이다.

그 정보들 중에서 당신의 건강 상태를 고려하여 잘 맞는 음식을 선택해서 꾸준히 먹으면 된다. 이를테면, 당뇨가 있다면 바나나사과주스를 많이 먹으면 안 될 것이다. 과일 주스 대신 먹을 수 있는 세로토닌 음식에는 콩류, 견과류, 어패류, 유제품 등이 있고 이 외에도 많은 음식이 있다. 찾기도 쉬우니 여기서 굳이 언급할 필요는 없겠다. 트립토판이 풍부한 음식에는 치즈도 있는데, 앞서 언급했던 길버트 또한 시칠리아의

'솜털 같은' 치즈를 먹고 우울에서 벗어났을 거라고 확신한다.

하지만 어떤 한 가지 물질만 섭취한다고 병이 낫거나 건강해지는 건 아니므로 골고루 잘 먹는 게 가장 중요하다는 것을 강조한다. 우울증 관련 물질로 세로토닌이 두드러지게 발견되었다 뿐이지 이 외에도 수많은 물질이 관여하기 때문이다.

스트레스를 해결하기 위해 이런저런 방법을 써봤는데도 제자리라면 건강한 식생활을 통해 신체적 건강을 회복하는 데 먼저 정신을 쏟아보자. 이것저것 안 풀리는 지경에 이를 때까지 몸도 많이 상했을 것이다.

《오래도록 젊음을 유지하고 건강하게 죽는 법》의 저자 스티븐 R. 건드리는 "5성급 호텔의 스위트룸 같은 몸을 만들자."고 했는데, 멋진 표현이다. 5성급 호텔 같은 몸이란 외모가 훌륭하다는 의미가 아니라 몸속이 건강하다는 뜻으로, 그가 제시한 방법의 핵심은 우리 몸 안의 미생물, 즉 장내 유익균을 잘 보존하자는 것이다. 장에서 가득 분비되는 세로토닌을 떠올려보면 새겨들을 내용이다. 장내 유익균이 좋아하는 음식은 치킨, 삼겹살 등 고기 위주의 화려한 식단이 아니라, 채소 위주의 소박한 식단이라는 건 상식적으로 알 것이다.

우울할 때는 어차피 무슨 일을 해도 의욕이 없다. 차라리 몸에 좋은 음식에 관한 정보를 검색하고 하나씩 적용해보자. 임청 즐거운 일은 아닐 수도 있지만 스트레스 사건에 비해서는 즐겁고, 주의 전환도 되며, 시간도 후딱 간다.

오늘 당신의 마음은 잠시 누추한 다락방이나 지하에 있었을지라도 몸 하나는 5성급 호텔처럼 만들어 볼 수 있다. 지금 일이 잘 안 풀리면 훗날을 도모하면 된다. 아직도 많은 진검승부가 당신을 기다리고 있다.

특히 청년들에게 해주고 싶은 말은 어려울수록, 힘들 때일수록, 머리가 안 돌아갈수록 집밥에 도전해 보라는 것이다. 어차피 친구들과 '치맥' 한번 먹기도 부담스럽지 않은가. 밥, 김, 김치, 멸치, 달걀만으로도 1차 준비는 끝이다. 집밥만 줄기차게 먹어도 건강을 잘 유지할 수 있다. 외식에는 MSG가 불가피하게 들어가 있으며, 이런 식품첨가물은 신경염증을 일으킨다고 밝혀졌다. 그리고 신경염증은 최근 뇌과학자들이 우울증의 한 원인으로 주목하고 있는 요인이다.

나는 요리는 못 하지만 MSG는 안 쓴다. 하루는 지인과 '천연 육수를 쓰는' 이름난 냉면집에 갔다. 물냉면 육수를 한술 떠서 목에 넘기는 순간 너무 맛있어서 엄지손가락을 쳐들며 이분에게도 빨리 드셔 보라고 권했다. 그런데 첫술을 먹어보더니 "이거 미 * 맛이네요" 하시는 게 아닌가. MSG를 안 먹던 내가 반할 정도의 감칠맛, 그게 대부분의 외식 맛의 비결이다.

그런데 이분은 요리를 잘하는 수준을 넘어 자연요리 전문가시다. 웬만하면 외식을 안 하지만 외부 모임 때는 어쩔 수 없기에 인공감미료 안 넣는다고 광고하는 음식점을 우선 가본다 한다. 하지만 어디를 가봐도 MSG 넣지 않은 집은 없었다고 한다. 어쨌든 나와 달리 미각이 예민하신 분이라 "드실 만해요?" 물었더니 이렇게 말했다.

"네. 맛있어요. 사실 MSG가 맛있는 건 사실이에요. 저는 외식할 때는 으레 인공감미료 먹겠거니 하고 나와요. 비싼 돈 주고 먹는 건데 맛 없으면 살짝 짜증도 나요. 맛있게 먹고 또 한 달 동안 집밥으로 독소를 빼면 되니까요."

취직이 안 되어 우울하다면 맛집 한두 번 가서 기분 풀고, 나머지는 집밥으로 독소를 빼도록 하자. 점심은 어쩔 수 없더라도 하루 한 끼라도 말이다.

집밥이 '집빵', '집면'으로 확장되고 달걀 프라이가 달걀탕, 달걀말이, 달걀지단으로 경계를 넓히면서 '다 때려치우고 빵이나 만들어? 빨리하는 달걀 요리 동영상이나 올려?' 할 때 그토록 바랐던 기회가 다시 온다. 나 역시 그랬다. 내 친구와 후배들도 그랬다.

한 후배는 집밥을 해 먹다가 약식까지 만들게 되었는데, 평이 좋자 진짜 전문점을 차리려고 했다. 밀가루가 아닌 쌀로 만들고, 떡보다 공정이 간단하고, 집어넣을 수 있는 재료가 무궁무진하여 간편 건강식으로 경쟁력 있다는 판단으로 구체적인 청사진까지 그리던 중에 8년 기다리던 교수직을 얻게 되었다. 집밥을 만들며 희망도 지어 먹는 모습이 신에게는 수련을 잘 참아내는 문하생 같았을까. 그렇게 생각해본다.

여담으로, 나나 다른 사람들 모두 '빵이나 만들어? 약식이나 팔아?' 하다가 그토록 바라던 일을 하게 되면 뛸 듯이 기쁜 게 아니라 '어? 교수로 가는 게 맞나? 약식 만드는 게 더 행복한 거 아닌가?' 하는 즐거운, 아니 진지한 고민에 한 번씩 빠졌다는 것이다. 무언가에 도전한다고 할 때 어느 정도로 마음을 비워야 하는지 청년들이 참고했으면 해서 말해 본다.

집밥은 그 자체가 소울 푸드인 데다, 먹는 것이니 당연히 즐겁고, 강력한 주의 전환을 하게 하며, 요리를 계획하고 끝낼 때 도파민까지 분비되는, 일거양득의 대단히 멋진 작업이다. 간혹 설거지하는 것 때문에 우울증이 도질 수는 있는데 가족들에게 양해를 구하거나 설거지 후 아이스크림 먹기나 영화 한 편 보기로 달래주자. 주방에 여유 공간이 있다면 누가 선물해 주겠다고 할 때 식기세척기를 사달라고 하는 것도 좋겠다. 하지만 식기세척기는 우리가 "설거지 끝!"이라고 외칠 때 분비되는 도파민을 전혀 분비하지 못하니, 그런 선물을 줄 사람이 없다 해도 너무 실망하지 말자.

: 생체 시계를 정상으로 되돌리는 수면 법칙

숙면이 말처럼 쉬운 것은 아니지만 일상을 규칙적으로 살면 그리 어려운 일만도 아니다. 불면증 환자들의 생활을 들여다보면 불규칙적이고 기복이 심할 때가 많다. 아침 일찍 일어나 햇볕을 쬐고, 낮에는 최대한 몸을 움직이면서 제때 먹고 제때 쉬면서, 낮 동안의 일상 활동을 최대한 규칙적으로 해보라. 그러면 야간 신체 기능도 정상적으로 돌아가 숙면을 취할 수 있다. 자연의 순리일 뿐이다. 이렇게 생체 시계가 자연스럽게 돌아가면 세로토닌도 저절로 분비된다.

설사 밤잠을 설쳤어도, 나중에 다시 자는 한이 있더라도, 아침에는 일단 일어나서 눈에 햇빛을 넣어주어야 한다. 망막으로 햇빛이 들어오면 바로 세로토닌 신경을 자극한다. 이것만으로도 좋은 소식인데, 하나 더 있다. 낮에 활성화된 세로토닌은 밤에 멜라토닌을 생성한다는 것이다. 멜라토닌이 부족하면 불면증이 생긴다는 건 다들 알고 있을 것이다. 잘 자려면 잘 깨어 있어야 한다는, 알수록 신비한 햇빛과 세로토닌, 그리고 멜라토닌의 관계이다.

수면 전문가들의 얘기를 들어보면, 웬만큼 잤는데도 "밤새 한잠도 못 잤다."고 말하는 사람들이 많다고 한다. 한숨도 못 잔 것은 거짓말이고 꿈을 꾸었거나 불편함으로 뒤적인 것뿐인데, 당사자는 잠을 못 잤다고 생각한다고 한다. 잠을 잘 못 잤다고 '생각'하면 다음 날 어떻게 해서든 잠을 채우려는 심리가 있는데, 최대한 낮잠을 자지 않아야 정상적인 수면 리듬으로 돌아간다.

수면이 정신 건강에 중요한 이유는 잠이 부족하면 스트레스 호르몬이라 불리는 코르티솔 수치가 높아지기 때문이다. 《수면 혁명》에서 아리아나 허핑턴은 수면 부족의 영향을 받는 유전자 가운데 상당수가 스트레스 처리 기능과 면역 시스템 관리 기능을 맡고 있다고 했다. 그녀가 인용한 캘리포니아대학교 연구에 의하면, 실험 참가자들에게 정서적 반응을 일으키는 이미지를 12시간 간격으로 보여주면서 뇌 스캔을 찍었는데, 그사이에 잠을 자게 했던 그룹이 두 번째 이미지를 보았을 때 뇌가 스트레스에 덜 반응한다는 것을 발견했다. 뇌의 감정 기능을 담당하는 편도체가 덜 활성화되었던 것이다. 이 연구의 책임자는 수면이 감정 처리에 매우 중요한 역할을 하며, 정서적 문제에 대한 치료의 문을 열어주고 있음을 보여준다고 결론 내렸다.

숙면을 취하려면 심호흡도 중요하다. 특히 잠들기 1시간 전에 모든 미디어를 닫고 깊게 호흡하면 큰 도움이 된다. 심호흡이 숙면에 도움이 되는 기제는 부교감신경계를 활성화시키기 때문인데, 부교감신경계는 스트레스 관리에도 중요한 역할을 한다. 그러므로 평소 호흡을 깊게 하는 습관을 들이는 게 좋다.

교감신경계와 부교감신경계에 대해서는 새삼 긴 설명이 필요 없겠다. 교감신경계는 흥분을, 부교감신경계는 이완을 관장하며 교감신경계에 의한 흥분은 스트레스 상황에 급하게 대처하는 데에는 꼭 필요하지만, 지나치게 오래 지속되면 전반적인 신체 기능의 저하를 일으킨다. 특히 면역계의 기능을 저하시킨다는 내용을 대부분 알고 있을 것이다. 그런데 사람들이 많이 알면서도 잘못 생각하는 게 하나 있다. 이 두 개의 신경계가 자율신경계라 우리 의지로 조정이 안 된다는 생각이다.

하지만 우리는 로마시대 음유시인의 방법을 이미 알고 있다. 어떤 것을 직접 조절할 수는 없지만 간접적으로 조절할 수 있다는 것 말이다. 당신이 생쥐라고 치자. 어느 날 고양이를 만났다. 즉시 교감신경계가 항진하여 심장 박동을 올리고 도망치게 한다. 한참을 달려 안전한 곳에서 숨을 크게 내쉬고 치즈 덩어리를 한입 물고 웃음 짓는다. 그러면 어느새 부교감신경계가 작동되어 있다. 여기까지는 흔한 얘기다.

자, 그런데 이번에는 당신이 '톰과 제리'의 제리라고 가정해보자. 제리는 톰 앞에서도 히죽거리며 웃고 치즈도 막 먹는다. 제리는 고양이라는 천적 앞에서도 부교감신경계 우세인 상태로 있는, 그 어려운 일을 해낸다. 물론 실제의 쥐는 고양이 앞에서 제리처럼 있지 못하지만, 쥐보다 몇천 배 정교한 뇌를 가진 인간은 마음만 먹으면 스트레스 상황에서 제리처럼 있을 수 있다. 심호흡을 하거나 미소를 짓거나 소리 내어 웃으면 즉시 부교감신경계가 활성화되어 스트레스에 압도되지 않게된다.

심지어 가짜 미소와 웃음을 짓는 교묘한 방법을 써도 부교감신경계는 속아 넘어가 준다. 부교감신경계는 사실의 진위여부보다는 주인님의 안녕을 더 중요시하고 반기기 때문이다. 힘들더라도 깊게 숨을 내쉬면 당신 안에 고여 있던 우울도조금씩 빠져나갈 것이다. '톰' 같은 스트레스를 만날 때마다'제리'처럼 씨익 웃으면서 깊게 숨을 불어 톰의 수염을 날려버리자.

주간의 신체 기능 정상화에 필수적인 운동 또한 스트레스호르몬인 코르티솔을 감소시켜 긴장이 풀어지도록 하고, 역시나 세로토닌 수치를 끌어 올린다. 또한 도파민을 분비하고 새로운 뉴런을 만든다. 운동이라는 말에 너무 부담을 갖지는 말자. 몸을 움직이는 게 중요한 것이다. 가벼운 산책도 얼마든지운동으로 볼 수 있다. 실내자전거를 꾸준히 타기만 해도 우울상태에서 보이는 뇌 활성이 감소된다는 보고도 있다.

하물며 실외에서 햇볕을 쬐면서 운동하면 모든 유익함이배가될 뿐 아니라 비타민 D 합성이라는 대단히 중요한 일을하게 된다. 비타민 D와 우울증의 관련성도 최근 부각되는 주제이다. 우울증 환자의 혈중 비타민 D 농도가 일반인에 비해낮아져 있다든지, 비타민 D의 수용체가 뇌의 감정 조절 부위에서 많이 발견된다는 연구에 기반하고 있다. 하지만 무엇보다 중요한 점은 비타민 D가 세로토닌 합성에 관여한다는 것이다. 최근 비타민 D 주사나 정제에 관한 광고를 많이 볼 수 있지만, 햇볕을 통해 얻는 것이 가장 쉽고 부작용도 없다.

나는 어떤 날 하려던 모든 일이 엉망으로 꼬였어도 30분 이상 햇볕을 쬐고 돌아오면 '비타민 D를 제조했으니 오늘은 다 이루었다'고 생각하기로 했다. 나가기 싫은 마음을 극복했으니 대단히 훌륭한 일을 했다고 칭찬하고 싶다. 나중에 쓸지 모를 병원비도 아낀 데다가 밤에도 잘 자고 말이다.

: 뇌를 리셋하는 명상과 예술의 힘

세로토닌 축적을 위해 했어야 할 일들을 하나도 못 한 날이 분명히 있을 것이다. 이대로 자기엔 찝찝하다. 어차피 잠도 잘 못 잘 것이다. 5분 동안 눈이라도 감아보자. 물론 그냥 눈만 감고 있는 게 아니라 가부좌를 하는 명상 자세로 말이다.

이 자세로 5분만 눈을 감고 있어도 피곤이 가시며 뇌가 시원해진다. 5분의 명상을 명상으로 보지 않을 전문가도 있겠지만, '생활 속에서 실천하는' 명상의 측면에서는 5분도 의미 있다. 불안이 심할 때는 이것도 못 하는 사람들이 굉장히 많다는 점을 고려해 보면 단순히 눈을 감고 있는 이상의 능동적인 작업이라는 걸 알 수 있다. 이미 명상에 관한 전문서가 많고 앱도 나와 있을 정도로 꽤 알려져 있기에 종류와 방법을 여기에 쓰는 건 공해가 될 것 같다. 정식 명상은 최소 40~60분의 범위를 일컫는 것만 일단 알도록 하자.

매일 20분씩 8주 정도만 명상해도 부정적 감정을 유발하는 편도체 기능이 감소한다든지, 기억을 담당하는 해마의 기능이 증진한다든지 하는 뇌과학 연구가 매일 업데이트되고 있다. 신경학자인 앤드류 뉴버그는 심지어 매일 12분 명상만으로도 8주 후, 알츠하이머병 환자들의 전두엽 영역을 비롯한 뇌 전체 영역이 골고루 활성화된 뇌 스캔 결과를 발표하기도 했다.

명상은 사람에 따라 호불호가 상당히 갈리는 편이다. 하지만 뇌 기능을 높인다는 어떤 약이 있다 해도 효능이 충분히 검증되지 않았을 뿐만 아니라 부작용도 있는 데 비해, 집에서든 사무실에서든 그저 15~20분만 자신의 내면에 집중해보는 것만으로 이 정도 효과가 있다면, 안 하는 게 손해이지 싶다.

미국 존스홉킨스대학교 연구진은 명상과 우울 치료와의 상관이 0.3이라고 밝혔다(상관의 최대값은 1.0이다). 0.3의 수치가 작게 느껴진다면, 항우울제도 0.3으로 나왔다는 것을 알면 달리 보일 것이다. 내면에 집중한다는 의미가 일반인들에게 많이 어렵기 때문에 현재는 '마음 챙김 명상'이 대세인 듯하다. 자신의 마음에 대해 가치 판단을 하지 않고 한 걸음 물러서 바라본다는 의미이다. 예를 들어 '아 힘들어, 길이 안 보여.'라는 생각이 들 때 '내가 지금 힘들구나, 우울해서 많이 답답해하는 구나.'라는 식으로 마음을 바라보는 것이다.

명상은, 앞에서 말한 생각 바꾸기와 결이 다르다. 생각 바꾸기가 부정적인 생각을 긍정적인 측면으로 바꾸는 것인 반면, 명상은 그저 가만히 놔두는 편에 가깝다. 그런데 어떻게 치료가 된다는 걸까?

시끄러운 시장통에서 누가 당신에게 시비를 걸었다면 맞받아치거나 넘어가 주면서 대처하겠지만 그래봤자 시끄러운 건 마찬가지다. 하지만 시장을 벗어나 한적한 바닷가에 앉아본다면 좀 전의 소동도 큰 의미 없게 느껴진다. 일체의 행위가 다 의미 없고, 그저 우주와 함께 존재하는 것만이 남아있게 되는 한적하고 평화로운 바닷가. 명상은 그 바다에 앉아보는 것과 같다. 평화로운 음악을 들을 때 마음과 몸이 안정되듯이 명상 또한 그런 효과를 낸다.

그런데 명상에는 더 중요한 측면이 있다. 미국의 신경과학자 마커스 레이클 교수는 뇌는 쉬고 있을 때도 항상 작동한다는 것을 밝힌 사람으로 유명하다. 그는 어떤 일을 할 때엔 오히려 특정 뇌 회로의 활동이 줄다가 쉴 때엔 다시 늘어나도록 내정된 기본 상태가 있다고 주장하면서 이 신경회로를 '디폴트 모드 네트워크'라고 이름 붙였다. 그는 또한 이 회로가 우리가 의식적으로 작업할 때는 연결되지 않다가 휴식하면 상호 신호를 주고받으면서 최적의 결정을 내린다고 했다. 명상, 멍 때리기 등의 휴식 구간이 있어야 최선의 선택을 할 수 있다는 것이다.

실제로 명상을 하면 초반 몇 분 정도는 정신이 가라앉는 게 아니라 오히려 잊고 있었던 일이나 중요한 일들이 생각난다. '아, 그 사람한테 전화했어야 했는데…, 아, 내일 그 서류 꼭 갖고 가야 해.'라는 생각이 떠오르는데 마치 빠져 있던 퍼즐 조각이 완전체로 맞물리는 느낌이다. 이게 그가 말했던, 최적의 결정을 내리는 상태이지 않나 싶다.

이탈리아 모데나레지오에밀리아대학교의 신경과학자 주세페 파뇨니도 "명상가들이 디폴트 모드 네트워크의 활동을 잘 조절할 수 있으며, 일반인들에 비해 더 빨리 차분한 상태로 돌아올 수 있다."고 말했다. '디폴트'라는 용어가 원래 기계의 초기 설정 값을 뜻한다는 것에서 나는 명상이 뇌를 초기 설정 값으로 되돌려 놓는지도 모른다는 생각을 해본다. 리셋이 된다고 할까. 하루 종일 스트레스를 받아 상처 난 뇌가 명상으로 새로 고침 되는 그런 모습 말이다.

하버드대학 의학부의 허버트 벤슨 박사가 "명상을 하면 신체는 안정을 찾게 되고 다양한 병적 증상들이 줄어든다."고 이미 말했듯이, 수많은 연구에서 밝혀진 신체적 회복의 비결도 이런 뇌의 새로 고침, 즉 리셋 때문인지도 모른다. 리셋에 이르기까지의 명상 시간은 각자 가장 적절한 시간을 찾으면 될 것 같다.

명상의 유익함 중에 좌뇌를 활성화시킬 수 있다는 연구 결과는 상당히 고무적이다. 2부에서 좌뇌-긍정 감정, 우뇌-부정 감정의 연관성을 잠깐 살펴보았듯이, 미국 위스콘신대의 리처드 데이비슨 또한 우측 전두엽이 활발하면 부정적인 감정을 많이 느끼고, 좌측 전두엽이 활발하면 긍정적인 감정을 많이 느낀다면서 극단적으로 우뇌 활동에 치우친 사람은 우울이나 불안장애를 보인다고 주장했다.

여기서부터 흥미로운 지점인데, 그는 이론에서 그치지 않고 1만 시간 이상 명상을 해왔던 티베트 승려 175명을 대상으로 뇌 스캔을 하여 모두 좌측 전두엽 활동이 우측 전두엽에 비해 우세하다는 결과를 보여주었다. 우울증 치료에 중요한 좌뇌 활성이 명상으로 가능함을 시사하는 것이며, 이는 이후 다른 연구자들에 의해서도 입증되었다.

어쩌면 승려들이 종일 벽면 수행을 할 수 있는 것도 좌뇌 활성화에 의한 긍정 감정으로 이미 보상을 받아서인지도 모른다. 잘 먹고 햇빛 쬐고 운동하는 건 우울증 치료에 굉장히 중요하지만 그렇지 못했어도 자기 전에 잠시라도 명상을 한다면 뇌와 몸의 상태를 긍정 상태로 돌릴 수 있음을 시사한다.

뇌의 리셋이니 좌뇌 활성화니 하는 것들이 남의 얘기 같을 수도 있다. 세계 인구가 80억 명이라면 80억 가지 명상이 있다 할 수 있을 정도로 명상의 방법과 효과는 굉장히 개인적이다. 그럼에도 명상이 불면증에 효과가 있다는 건 공통적으로 보고되는 사실이다. 잠이 안 오면 바로 수면제를 먹지 말고 침대나 바닥에 앉아서 명상을 해보라. 나는 원래도 잠을 잘 자는 편이지만 어쩌다 잠이 안 오면 '좋아. 오늘은 간만에 명상을 1시간이라도 해보지, 뭐. 우주가 뭐라 하는지 갈 데까지 한번 가보지 뭐.'라고 생각해본다. 하지만 아직 명상으로 우주의 말을 들어보지는 못했다. 매번 1시간을 채우기 전에 잠들어서이다. 그 정도로 명상의 수면 효과는 대단하다. 명상을 해도 잠들지 못한다면 좀 더 오래 해볼 것을 권한다. 아울러, 핸드폰을 비롯한 미디어에 오래 노출되어 뇌가 흥분되어 있다든지, 과식하거나 너무 늦게 식사하거나 술을 많이 먹은 게 아닌지 살펴보기 바란다.

나는 좀 더 나이가 들어 세상 뜰 날이 가까워지면, 그때는 명상을 아주 오래 해보려 한다. 지금은 짧은 명상만으로도 얻게 되는 선물을 매일 풀어보며 그저 매 순간 조금씩이라도 즐겁게 살고 싶다. 이 유익함을 나 혼자 알기에는 너무 아까워서 자꾸 독자들을 꼬드긴다.

하지만 당신에게 맞는지가 가장 중요하다. 의학과 과학이 발달했다 해도 자신에게 맞는 치료 방법을 선택해야 하는 개인의 고뇌는 여전히 깊다. 한국에서는 한의학이 대체의학도 아니지만 양의와 한의 간에 대립이 심하다는 것을 환자들이 먼저 안다. 한쪽에서 치료받은 걸 얘기하면 다른 쪽 전문의가 보통 얼굴을 찌푸리기 때문에 얼마나 눈치가 보이는지 모른다.

나 또한 환자인 적이 있었던 경험에서, 환자는 답답할 때가 많다. 환자는 그저 낫기만을 바랄 뿐인데 말이다. 나는 심리학을 전공했지만 병원에서 일했던 경험 때문에 심리상담가와 정신건강의학과 의사 지인이 다 있다. 병원에서 일할 때 상담가 지인은 나만 보면 이렇게 말했다. "좀, 잘합시다. 병원에 갔더니 약만 달랑 주고 말도 잘 안 들어 준다고 내담자들이 얼마나 불평하는지…." 의사 지인은 나만 보면 이렇게 말했다. "좀, 잘합시다. 심리 상담받으러 갔더니 계속 어떤 감정을 느끼냐고 묻기만 하고 낫지도 않는다면서 환자들이 얼마나 불평하는지…."

물론 두 지인은 웃으면서 말했지만 그들이 전해준 환자들의 말은 절대로 웃자고 한 얘기가 아니라는 걸 안다. 10년 넘게 신체 질환으로 고생하고 있던 어떤 분은 병원에서 몇 년, 한의원에서 몇 년 치료받아도 차도가 없자 억울함과 무력감을 느끼는 수준을 넘어 체념 상태에 이르렀다. 명상을 권했을 때 이분의 판단 과정은 극히 단순했다.

"돈이 안 들겠네요. 부작용도 없을 것 같네요. 효과도 있다는 거지요? 그럼 해보죠."

한 달 후, 이분은 이렇게 말했다.

"통증이 없어지는 건 잘 모르겠는데 잠을 잘 자는 건 확실하네요. 먹는 약 중에 수면제를 뺄 수 있겠어요. 계속해 볼게요."

다행히 이분에게는 명상이 도움이 되었지만 모든 사람에게 맞는 것은 아닐 것이다. 다만, 이 말은 새겨들을 필요가 있다. 돈 안 들고, 부작용 없고, 효과도 있는 것 같다면 그 방법을 안 쓸 이유가 없다. 진짜 고생 많이 해본 사람만이 알 수 있는, 짠하면서도 진정성 가득하고 지독히 현실적인 결정법이 아닐까.

이 명쾌한 결정을 실망시키지 않을 방법이 하나라도 있어서 얼마나 다행인지 모른다. 그렇다고 해서 부작용이 절대로 없다고 말할 수는 없다. 가벼운 불안에는 명상이 도움이 되지만, 공황장애같이 심한 경우에는 호흡곤란 등의 증상이 나타난다는 보고가 있으므로 불안 수준이 높은 사람들은 반드시 명상전문가의 지도하에 시도하기를 바란다.

음악 듣기, 미술 작품 감상하기, 공연 관람하기 등 크고 작은 예술 활동 또한 정서 순화 효과가 크기 때문에 적극적으로 할 것을 권한다. 마음 맞는 사람들과 같이하면 더욱 좋겠다. 이 중에서도 음악은 직접 찾아 듣든, 카페에서 듣게 되든 우리 생활과 굉장히 밀접할 뿐 아니라 다른 활동과 달리 버튼만 누르면 누릴 수 있기 때문에 생활 속에서 즐거움을 향유하기에 더할 나위 없이 좋은 활동이다.

내담자와 이런저런 얘기를 하다 보면 능력 밖의 질문도 받게 되는데, 우울할 때 우울한 음악을 듣는 게 좋은지 즐거운 음악을 듣는 게 좋은지 하는 질문도 그중 하나이다. 예술에 문외한이긴 하지만 과거에 음악 동아리를 했던 경험에 비추어 최선을 다해 말해 본다면 우울을 털어버리고 싶을 때, 즉 한 번 정도는 울면서라도 발산하고 싶을 때는 슬픈 음악을 듣는 게 좋다. 하지만 반드시 밝고 경쾌한 음악으로 마무리해야 한다.

클래식 음악에서는 모차르트 곡을 추천한다. 그의 곡들은 하프나 클라리넷 쪽을 제외하면 대체로 밝고 경쾌하다. 경쾌하지는 않더라도 배음이 풍부한 느린 템포의 곡들은 마음을 안정시키는 효과가 있음이 밝혀졌으니 가끔씩 들어 보면 좋겠다.

미첼 L. 게이너는 웨일 코넬 의과대학의 임상교수이자 소리와 음악의 진동이 가진 놀라운 자연치유력을 연구한 사람으로, 자신의 책 《사운드 힐링 파워》에서 소리의 힘을 이용하여 질병으로부터 건강을 되찾는 원리를 리듬, 공명, 에너지 차원에서 설명했다. 싱잉볼이나 그레고리안 성가 같은 곡들의 치유력도 언급했는데, 그 덕분에 음악의 치유 효과를 새삼 깨닫게 되어 음악에 더 고마운 마음이 들고, 그레고리안 성가도 예전에 비해 많이 듣는다.

하지만 이런 곡을 싫어하는 사람도 많다. 이완 효과가 지나쳐 졸리기도 하다. 예술 활동 중에서도 음악은 개인적 취향이 더욱 뚜렷한 것 같다. 모차르트니 그레고리안이니 하는 유명한 곡도 좋지만, 들었을 때 편하고 즐거운 음악이 최고이다. 아울러, 과거에 무언가를 성취하기 직전까지 엄청 들었던 음악을 다시 찾아보라. 수십 번, 수백 번 들으면서 끝내 어려움을 이겨내고 원하던 곳에 이르렀던 그 시간을 채웠던 곡들. 기분이 울적할 때마다 그 곡들을 다시 들으면, 아련한 감성과 희망이 교차하면서 새삼 설레고 다시 시작해볼 마음이 들 것이다.

내 경우에는 〈모차르트 클라리넷 협주곡 A장조 2악장〉, 〈파헬벨 캐논 변주곡〉, 〈시네마천국 OST〉, 김현식의 〈비처럼 음악처럼〉 등이 힘들었던 시간을 버티게 해준 곡들이었다. 음악을 비롯한 다양한 예술 활동은 부교감신경계 같은 역할을 해서 이완 효과가 있을 뿐 아니라 놀라운 치유의 힘이 있다. 당신에게 잘 맞는 것을 골라서 친구처럼 지냈으면 좋겠다.

감사, 이대로도 행복하다는 선언

3부의 지금까지 내용을 정리해보자. 즐거운 활동의 중요성을 알고 생활에서 실천할 수 있는 방법을 살펴보았다. 또 먹기, 자기, 호흡하기, 햇볕 쬐기, 운동하기 같은 평범한 일상 활동을 세로토닌 분비와 관련해서 되짚어 보았다. 그러면서 운동도 못 하고 잠자고 먹는 것도 부실했으면 자기 전에 명상이라도 하자고 했는데, 그럼에도 운동도, 잠도, 먹지도 못 하겠고 명상은 더욱 못 하겠다면 이제 정말 마지막이다. 감사라도 하자.

감사는 아무것도 이루지 못한 상태에서도 만족해하는 것이기 때문이다. '만족한다'는 결과만 놓고 보면 감사는 치료가 잘된 경우와 동일한 상태이다. 따라서 당신이 아무것도 못 하겠다 해도 감사를 한다면 면죄부를 받을 수 있다. 그런데 감사는 면죄부 정도가 아니라 엄청난 선물 보따리여서 행복해지겠다면 일단 접수하고 봐야 한다. 감사와 행복이 어떤 관계가 있는지 들여다보자.

: 우울할 때 반드시 기억할 '생존감정'

마지막으로 감사라도 하자고 하니 감사가 무척 쉬운 일이라는 느낌을 받을지도 모르겠다. 가부좌 자세라도 취해야 하는 명상에 비해, 감사는 누워서도 할 수 있으니 쉬운 건 맞지만, 너무 흔해서 치료 효과가 있다는 것을 받아들이는 게 힘들다. 더 받아들이기 힘든 건 '이대로 행복하다'는 생각이다.

사실 사람들은 이런 말을 싫어한다. 체념하고 포기하라는 말처럼 들리기도 한단다. 극단적인 사람들은 "내 분수를 알라, 그런 뜻이야?"라고 따지듯이 말하기도 한다. 아니 오히려 반대이다. 체념과 포기가 아니라 살기 위해 반드시 가져야 할 감정이 감사이다.

물에 빠졌을 때를 대비해 생존수영을 배우듯이 감사는 우울할 때 반드시 기억해야 할 생존감정이다. 우울할 때는 감사의 영법泳法으로 하나씩 헤쳐 나와야 한다. '뭐, 좋은 말이네.' 하며 그냥 넘기기 전에 이번에는 반대로 한번 생각해보자. 감사하지 않고 계속 분노하고 좌절하면 무슨 일이 벌어질지.

북미 최고의 치유심리학자로 알려진 기 코르노는 림프종 4기 진단을 받고 죽음의 문턱에서 깨달은 것들을《생의 마지막 순간, 마주하게 되는 것들》에 기록했다. 병마와 하루하루를 싸우며 스스로 인생의 시련을 받아들이고, 그 속에서 생의 의미를 발견하는 과정을 적어나간 이 책에서 그는 우리가 슬픔,

무력감, 좌절, 분노를 느끼면 면역적 차원에서 사는 게 귀찮다는 메시지를 몸에 보내는 것과 같은 일이 일어나며, 그러면 실제로 면역력이 약화된다고 썼다. 면역력 약화의 결과가 무엇일지는 굳이 말하지 않겠다. 우리의 생각과 감정은 때로 무서울 정도이다. 감사를 왜 생존감정이라고까지 말했는지 이해했기를 바란다.

감사가 무엇인지 모르는 사람은 없겠지만 사전에서 뜻을 찾아보면 고맙게 여김, 또는 그런 느낌이라고 설명하고 있다. 보통은 누군가가 우리에게 고마운 일을 해주었을 때 감사한다고 말한다. 우리가 상대방에게 베풀 때도 마찬가지다. 즉, 감사는 고맙고 행복한 일이 '발생'해야 할 수 있다고 생각한다. 이렇게 보면 우울증 환자들은 행복한 일이 발생하지 않아서 우울해진 것이니 더욱 감사할 게 없을 것 같다. 게다가 세로토닌 저하로 계속 우울 상태에 있으니 행복한 일을 새로 발생시키는 것도 힘들다.

그런데 역발상을 한번 해보자. 더 이상 나빠질 수도 있었는데 이만해서 다행이고 감사한다고 가정해 보자. 어렵겠지만 한번 가정해 보자. 좋은 일이 일어나서 감사하는 게 아니라 그냥 감사를 먼저 해보는 것이다. 그러면 뇌에서는 무슨 일이 일어날까. 정답을 알겠지만, 세로토닌이 분비된다. 실제로 좋은 일이 생기지 않았는데도 뇌에서는 분비된다.

작은 실험을 해보자. 스스로에게든 다른 사람에게든 "감사합니다!" 말해보자. 자연스럽게 웃는 표정이 된다. 심각한 얼굴로 이 말을 한다면 가면을 쓴 것처럼 굉장히 인위적으로 느껴진다. 반대로, 누군가가 당신에게 감사 인사를 할 때도 웃는 표정으로 인사하는 그에게 당신도 역시 웃는 표정을 짓게 된다.

뇌는 얼굴표정을 아주 중요한 정보로 받아들여 '안면피드백 이론'이 있을 정도이다. 웃는 표정을 지으면 뇌로 '안심이다'라는 피드백이 전해진다. '안심'이면 세로토닌이 분비된다. 감사가 행복감을 불러일으키는 원리이다. 감사하다는 말만 해도 얼굴 근육이 펴져 세로토닌이 분비된다면, 진짜 감사하다고 생각할 때는 얼마나 많이 분비되겠는가.

: 신의 선물을 여는 열쇠

생각만으로 좋은 물질이 분비되는 것에는 위약 효과도 있다. 의료 현장에서 위약 효과는 히포크라테스가 '내면의 자연 치유력'에 대해 언급했듯이 아주 긴 역사를 갖고 있지만, 데카르트의 심신이원론 이후 주류 의학에서 공식적으로 언급하는 게 금기시되었다는 게 정설이다. 그럼에도 노련한 의사들은 이미 150년 훨씬 전부터 위약 효과를 치료 현장에서 적극적으로 활용했다는 것도 널리 알려진 사실이다.

조 머천트는 《기적의 치유력》에서 위약 효과 연구 분야의 세계적인 석학인 이탈리아 튜린 의과대학의 뇌과학 교수 파브리치오 베네데티와 하버드대 교수 테드 챕턱으로부터 들은 얘기를 전해준다.

위약이 천연 진통제인 엔도르핀의 분비를 촉진한다는 가정하에 행해진 한 연구에서 예상대로 위약 투여 후 환자들의 통증이 줄었다고 보고했다. 그런데 연구자가 환자들에게 알리지 않고 엔도르핀의 효과를 억제하는 약물인 날록손을 투여했더니 환자들이 다시 통증을 느꼈다. 이 실험은 위약 효과의 생화학적 경로를 보여주는 최초의 증거로 인정되었다고 한다. 즉, 약이 통증을 줄여줄 거라는 기대가 엔도르핀을 분비했다는 것으로, 위약이 속임수나 상상이 아니라 구체적인 물리적 메커니즘에 의해 이루어진 결과임을 시사한다.

물론 머천트는 위약 투여 후 다리 절단 환자들이 통증 감소를 보고한다고 해서 새 다리가 생긴 것이 아니며, 천식 환자들이 숨쉬기 자유로워졌다고 해서 폐 기능의 객관적인 수치는 변하지 않는다고 신중한 자세를 취했다. 그럼에도 그녀는 병원이 치료할 수 없었던 고통을 극복한 마음의 기적이 있다고 분명하게 결론 내린다.

나는 개인적으로 위약 효과를 치유력이 있는 '마음의 힘'으로 보는 데다가, 이렇게 생화학적 경로를 밝혀보는 연구들까지 계속 보고되고 있으니, 솔직히 말하면 심한 병에 걸렸을 때 위약을 처방해주는 의사가 있었으면 좋겠다. 위약을 먹고도 효과가 잘 나타날 수 있는 유형이기 때문이다. 잘 자는 것으로 보아 교감신경계 항진이 과하지 않다는 걸 알 수 있고, 무엇보다도 긍정주의자이다. 그런데 놀랍게도, 미국이나 영국 등에는 이미 온라인에서 위약을 판매하는 회사가 있다고 한다. 빈 병, 분무기 등이 색깔별로 있고 약의 구성성분도 질소, 산소, 아르곤 어쩌고 하면서 적혀 있다는 것이니 세상 오래 살고 볼 일이다. 물론 약값도 받는데 한화로 1만~5만 원 사이라고 한다.

다만 내 취향은 아니다. 상업적인 기반이 아닌, 진짜 의사가 내 손을 따뜻하게 잡아주며 "이 약(사실은 위약)을 먹으면 나을 겁니다."라고 말해주는 그런 상황을 바란다. 하지만 현실적으로 어려울 것 같아 감사나 열심히 하려 한다. 왜냐하면 감사는 엔도르핀도 분비하기 때문이다.

《당신의 뇌는 최적화를 원한다》의 저자인 정신과 의사 가바사와 시온은 감사가 엔도르핀을 분비한다고 말했다. 엔도르핀은 잘 알다시피 뇌 내 마약으로 불리는 물질로, 말기 암 환자 등의 통증 완화를 위해 사용하는 모르핀보다도 몇 배 높은 진통작용이 있다고 알려져 있다. 그 정도의 물질이 분비될 정도로 누군가에게 감사를 전하거나 감사의 말을 듣는 것은 대단히 행복한 경험이라는 것이다. 또한 감사를 받는 것은 칭찬받는 것과 마찬가지로 정신적인 보상이 된다고 했다.

이 외에도, 수많은 연구를 통해 감사를 많이 하는 사람들은 더 뛰어난 성취를 보이고 덜 우울하며 숙면을 취하고 면역 기능이 좋아 성인병에 덜 걸리고 병에 걸리더라도 통증이 적다는 것, 스트레스 상황에서 스트레스 호르몬 수치가 빨리 감소하고 뇌파가 빨리 안정되며 수명도 더 길다는 것이 밝혀졌다. 건강한 성인 1,500명 이상을 대상으로 10년간 추적한 연구에서는 이들이 심장병에 덜 걸린다는 것도 발표되었다.

몇 년 전 감사에 관한 책《오늘도, 골든 땡큐》를 썼을 때 독자 한 분이 '감사만사성'이라는 제목으로 서평을 올린 적이 있었다. 당시 출판사 편집자와 서평 문학 장르라도 만들어야 하는 거 아니냐며 그분의 표현에 감탄한 적이 있었다. 감사를 많이 하는 사람들이 누리는 유익함을 보면 이분의 표현이 비유만은 아닐 것이라 믿는다. 나는 이렇게 생각한다. 신께서 생각만으로 좋은 물질이 분비되도록 뇌를 만든 것은 인간이 고통을 이겨내도록 예비해 놓으신 선물이라고. 그 선물을 여는 열쇠가 다름 아닌 감사이다.

: 행운의 마스코트

감사하는 사람들은 낙관성이 높다. 실제로 낙관적인 사람들은 감사가 습관화되어 있다.《마음의 힘》의 저자인 제임스 보그는 낙관주의자냐 비관주의자냐 하는 것이 결과에 영향을 미치는 것은 아니며, 나만 낙관주의자가 삶에서 더 행복한 시

3부 마음 약국의 생활 밀착 처방전

간을 보낼 수 있다고 했다.

그의 말에서 오래된 농담 식 토론이 떠오른다. 못생긴 사과와 예쁜 사과가 섞여 있을 때 무엇을 먼저 먹겠느냐는 질문에 못생긴 사과부터 먹겠다는 측은 '빨리 먹어 치울수록 못생긴 사과가 없어지는 게 아니냐'고 주장하는 반면, 예쁜 사과부터 먹겠다는 측은 '못생긴 사과를 먼저 먹으면 계속 못생긴 것만 먹게 되는 게 아니냐'며 반박한다. 특히 후자는 가장 예쁜 거를 먹고 나면 남은 것들 중에서 또 가장 예쁜 것을 찾아내기 때문에 처음부터 마지막까지 행복하다고 주장한다. 보그의 말처럼, 사과를 먹는다는 결과는 똑같지만 과정은 분명 다르다. 낙관주의자들은 같은 상황에서도 예쁜 것, 좋은 것을 찾아내는 자동적인 태도를 갖고 있다. 그래서 행복 지수도 자동으로 올라가게 되어 있다.

낙관성이 좋은 건 알지만 타고난 성격이 비관적이어서 어렵다고 말하는 사람들이 있다. 낙관주의와 긍정적 태도에 대한 논의를 할 때 최우선으로 떠오르는, 긍정심리학의 창시자로 불리는 마틴 셀리그만이 사실은 비관적인 사람이었다는 것을 알면 생각이 바뀔 것이다. 《나는 오늘도 행운을 준비한다》의 공동저자인 제니스 캐플런과 바나비 마쉬가 셀리그만을 인터뷰하러 갔을 때 그는 자신이 선천적으로 비관적인 사람이라서 끊임없이 긍정적인 관점을 찾는다고 말했다고 한다.

셀리그만은 평생의 연구를 통해 낙관주의자들이 누리는

인생의 유익함을 너무 잘 알았기에 그것을 후천적으로 학습할
수 있는 방법에 관심을 기울였고 또 찾아냈다. 그러면서 낙관
적 태도를 갖는 데 몇 개월이나 걸리는 게 아니라고 했다. 셀
리그만은 또한 만일 우주여행에 데려갈, 행운을 상징하는 사
람을 찾는다면 가장 중요하게 여기는 선택 요인은 긍정성이라
며, 긍정성이 높은 사람은 좋은 일을 잘 활용하고 나쁜 일이
생겨도 허물어지지 않는다고 했다. 그의 표현에서 '행운을 상
징하는' 표현이 참 와 닿는다.

　나 또한 같이 일할 사람을 뽑는다면 긍정적인 사람을 뽑을
것이다. 같이 있는 것만으로도 즐거운 데다가 특히 어려운 상
황을 잘 헤쳐나가는 행운의 마스코트 같은 존재이기 때문이
다. 행운의 마스코트를 찾기 위해 긍정성을 측정하는 복잡한
심리검사를 할 필요는 없다. 감사할 줄 아는 사람이면 충분하
다. 행운의 마스코트는 행복을 스스로 조제하려는 우리에게도
필요하다. 감사하는 당신은 행운의 마스코트이다. 주변 사람
들에게, 그리고 무엇보다 당신 자신에게.

　감사는 지금까지 이 책에서 말했던 방법들의 아주 훌륭한
대체법이기도 하다. 부정적인 생각이 떠오를 때 긍정적인 셀
프 톡으로 바꾸자고 했던 내용을 잠시 복습해보자. 구체적인
내용을 일일이 바꾸는 게 번거롭다면, 그 상황에서 감사할 것
을 찾기만 해도 원래의 목적인 세로토닌 분비가 문제없이 이
루어진다. 즐거운 활동 목록을 만들어서 실행하자는 내용도

다시 떠올려보자. 감사거리를 찾아보는 것은 그 자체로 즐겁기도 하지만, 늘 감사하는 태도를 갖고 있으면 즐거운 일을 일일이 찾지 않아도 행복감을 느껴 세로토닌도 당연히 분비된다.

한 심리학 연구에서 연구자가 장난감 인형이 망가져 우는 연기를 하면서 유아들의 반응을 관찰해 보았다. 아이들은 같이 울거나 연구자를 달래는 등 다양한 반응을 보였지만, 가장 많이 나타난 반응은 엄마에게 달려가 도와달라고 한 것이다. 엄마가 모든 문제를 해결해준다는 것을 아는 아기들이다.

나는 감사가 엄마 같다고 생각한다. 우리가 자라며 숱하게 넘어질 때마다 엄마는 무릎을 "호" 불어주면서 이렇게 말해주었다. "괜찮아, 괜찮아. 다 나았어. 이제 하나도 안 아파." 그러면 우리는 바로 뛰어가서 또 놀았다. 배가 아파서 밤에 잠을 못 자면 엄마는 이렇게 말해주었다. "괜찮아, 괜찮아. 엄마 손이 약손이지. 벌써 다 소화됐어." 그러면 우리는 곤히 잠들었다.

아, 우울증 환자들에겐 심장을 호 불어주고 배를 쓰다듬어 주고 흰 쌀죽을 만들어주는 엄마가 필요하다. 달리다가 넘어지면 땅바닥을 발로 차며 야단쳐 주던 엄마가 필요하다. 당신 곁에 때때로 따뜻한 엄마가 없어서 사는 게 이렇게 힘들다. 하지만 그래도 살 수 있다. '괜찮아, 괜찮아. 다시 시작하면 돼. 실수했을 뿐이야. 한번 실패했을 뿐이야. 이 정도에서 멈추었으니 얼마나 다행이야. 감사한다. 감사하자.'라고 스스로 엄마처럼 위로해보자.

조금 구차할 수는 있지만, 그래서 눈물도 날 수도 있겠지만, 따뜻한 엄마가 있다고 뽐내면서 사는 사람들도 다른 문제가 있기 마련이다. '따뜻한 엄마가 없다면 내가 엄마처럼 위로하면 되는데, 따뜻한 엄마가 있는데도 문제가 생겼다면 어떻게 해결한단 말인가.' 그렇게 생각하며 감사할 것들을 찾아보자. 찾는 것만으론 안 된다. 일기장에든 핸드폰에든 적어 놓고 수시로 떠올려야 한다.

당신이 엄마라면, 자식에게 '늘 감사하라'는 말을 유산처럼 남겨주자. 엄마가 옆에 없더라도 늘 자식을 지켜주는 힘이 될 것이다. 서론에 등장했던 세 살짜리 내 아들은 20년 후 군대에 가서 또 한 번 어느 약사분의 도움을 받았다. 6주간의 신병훈련 기간이 무사히 끝나기를 마음 졸이며 기다리던 중 딱 두 번 전화가 허락되었다. 아들의 목소리를 들으며 목이 잠기는 시간들이 지나간 후, 가장 궁금한 질문을 했다.

"어디 아픈 데는 없고?"
"응. 지난주에 목감기가 살짝 오려 했는데, 동기가 준 약 한 봉 먹고 바로 나았어."
"약? 무슨 약?"
"그 동기 이미니가 약사시래. 이 친구가 잔병이 많아서 증

상별로 약을 조제해서 훈련소 허락을 받아 갖고 들어왔대. 그
약을 하나 주더라고."

"너 주고 그 친구가 아프면 어떻게 하냐?"

"나도 그래서 처음에는 안 받으려 했는데, 다음 주에 훈련
끝나잖아. 약도 여분이 많다 하더라고."

아들에게 "정말 다행이다. 엄마가 약사를 할 걸 그랬나?"라
며 킬킬대니 아들이 "왜에? 엄마는 벌써 약사잖아. 마음 약사.
불안하고 긴장될 때마다 엄마가 해줬던 말을 떠올리며 넘어갔
지."라며 정감 있게 받아치는 게 아닌가. '어지간히 힘들었구
나'하는 생각이 들어 마음이 짠해진 나는 "야아, 뭐 군인이 민
간인을 다 위로하냐."라며 같이 또 깔깔거리며 안심하고 통화
를 마쳤다.

내가 아들에게 해주었던 말은 딱 하나였다. 더 많은 말을
해줘봤자 20대 청년에게는 소음일 뿐일 테니. 그 하나는, 어떤
상황에서도 감사하라는 것이다. 청년들은 각자 우선 지원하고
자 하는 군대가 있는데, 아들의 경우 세 번째로 가고 싶어 했
던 공군에 가게 되었다. 나는 "힘들어지면 네가 가고 싶어 했
던 곳에 가게 되었으니 얼마나 감사한가, 그것만 생각하자. 좋
은 선임 만나면 감사하고, 마음 맞는 동료 만나면 감사하고, 좋
아하는 반찬 나오면 감사하고. 알았지?"라는 말을 군대 가는
날까지도 해 주었다. 들을 때는 시큰둥해했지만 막상 힘든 상

황에 닥치자 그 말이 생각났다는 것이고, 그래서 또 버텨냈다는 것이다. 군대처럼 잠깐 몇 년 옆에 없는 상황이 아니라 먼 훗날 세상에 엄마가 없게 되더라도 감사가 자식에게 행운의 마스코트가 되어 매일 '예쁜 사과'만 골라먹으며 행복하게 살게 해줄 것이다.

: 생활의 온도가 바뀐다

대니엘 G. 에이맨은 도발적인 실험을 한 적이 있다. 감사에 관한 책을 쓴 심리학자 노엘 넬슨이 인생에서 감사할 모든 일에 대해 30분 동안 생각한 다음 뇌 스캔을 받고 싶어 했는데, 에이맨은 감사할 때 건강한 활성을 보이는 그녀의 뇌를 확인한 후, 이번엔 안 좋은 일에 대해 생각한 다음 스캔해 보자고 제안했다.

그녀는 나쁜 생각을 떠올리면 감정이 상한다는 사실을 알고 있었지만, 에이맨의 제안을 마지못해 수락했다고 한다. 그녀는 병에 대한 두려움과 그 때문에 일을 못 하게 될 두려움, 병에 걸려 자신의 애완동물을 돌보지 못 하게 될 두려움을 떠올렸는데 이런 생각을 하는 동안 뇌 스캔 영상은 감사하는 생각을 할 때와 다르게 뇌의 여러 부위에서 활성이 떨어졌다. 부정적인 생각이 뇌도 부정적으로 바꾼 것이다.

노엘 넬슨은 그 자신이 심리학자이자 책의 주제 때문이라도, 나쁜 생각을 하면 뇌 스캔 양상이 달라질 거라는 걸 충분히 알았을 것이다. 하지만 알고 있어도 안 되는 것이다. 나쁜 생각을 하면서 건강한 뇌로 있기란 불가능하다. '좋은 일이 없는데 어떻게 좋은 생각을 한단 말인가?' 이제 우리는 이런 질문을 하지 말도록 하자. 어떤 상황에서도 그나마 다행인 것을 찾을 수는 있다.

'행운의 마스코트' 부분에서 언급했던 《나는 오늘도 행운을 준비한다》에 흥미로운 연구 하나가 소개되어 있다. 저자들이 전국적으로 실시한 설문조사에서 "당신은 스스로 운 좋은 사람이라고 생각합니까?" 질문에 약 67%의 사람들이 그렇다고 응답했다는 것이다. 전국적인 설문조사가 가능했던 것에는 바나비 마쉬가 미국 템플턴 재단의 CEO 수석 고문인 점도 있었을 것이다.

내가 흥미롭다고 느낀 점은 운이 좋다고 느끼는 사람들이 생각보다 많았다는 것이다. 삶의 만족도가 최하위권인 한국이 아니라 미국이어서 그럴 수도 있겠지만, 사람 사는 곳이 다 비슷하다는 걸 감안하면 우리나라에서도 생각보다 높게 나올지도 모른다. 만약 한국에서도 이 정도로 나온다면 당신은 스스로 운이 좋다는 67% 쪽으로 응답할까, 운이 나쁘다는 33% 쪽으로 응답할까. 우선 농담으로 하고 싶은 말은, 왠지 33% 쪽에 있으면 짜증나지 않느냐는 것이다. 싸우기도 전에 벌써 진다는 느낌이랄까. 결과는 나중으로 치고 일단은 자신이 운이 좋은 사람이라고 생각하는 게 백 번 남는 장사가 아닐까.

진담으로 하고 싶은 말은, 설사 당신이 33% 쪽에 있었다 해도 기어이 67% 쪽으로 오라는 것이다. 왜냐하면 위 저자들이 운 좋다고 생각하는 사람들의 그 원인을 알아내기 위해서 사는 곳, 경제 수준, 성별, 결혼 여부 등 온갖 데이터를 분석했지만 찾지 못했기 때문이다. 즉, 당신이 33% 쪽에 있을 이유가 하나도 없는 것이다. 이 책의 저자들은 대신에 자신이 운이 좋다고 '느끼는' 것이 가장 중요하며, 스스로 자신의 행운을 만들 수 있다고 믿을수록 그렇게 될 가능성이 높아진다는 결론을 내렸다.

또한 행운이 오는 삶의 첫 단계는 긍정적인 태도이기 때문에 "운 좋은 사람입니까?"라는 질문에 항상 "그렇다"고 대답할 수 있어야 한다는 점을 깨달았다고 한다. 이는 '자기 충족적 예언' 이론을 통해서도 여러 차례 입증된 것이기도 하다. 그러니 '나는 운이 좋아'라고 생각하도록 하자. 감사를 하면 당신은 언제나 67% 쪽에 있게 될 것이다. '좋은 구두가 당신을 좋은 곳으로 데려간다'는 말이 있는데 감사야말로 그렇다. 감사는 행운의 삶으로 연결해주는 실크로드이다.

감사가 습관화되기까지는 실크로드에 이르는 길이 울퉁불퉁할 수밖에 없는데, 그러려니 해야 한다. 한동안 설거지를 하면서 접시를 많이 깨뜨렸다. 아무리 감사하려 해도 도저히 안 될 때가 있고 기분이 너무 안 좋을 때가 있는데, 그럴 때마다 꼭 접시를 깨뜨렸다. 접시를 많이 깨뜨린 이유는 내가 주로 만지는 물건 중에 깨지기 쉬운 게 주방용 접시였기 때문이다. 만약 가마터나 꽃집에 있었다면 도자기나 화병을 많이 깼을 것이다.

분노의 주파수가 공명을 일으켜 접시를 깨뜨린다는 초현실적인 이야기를 하는 게 아니다. 감사하지 않고 화가 나 있으면 마치 세상과 싸우려는 듯이 몸에 잔뜩 힘이 들어가 접시를 거칠게 다루는 듯하다. 이런 날에는 설거지를 더욱 조심해서 마친 후 마음을 한참 들여다본다. 해야 할 일이 떠오를 수밖에 없다. 다행히도 마지막으로 접시를 깬 날이 꽤 오래되었다.

감사를 한 날, 안 한 날, 많이 한 날, 조금 한 날에 따라 생활의 온도는 미세하게 바뀐다. 나는 따뜻한 봄과 기분 좋게 서늘한 초가을을 참 좋아한다. 감사는 마치 삶을 내가 좋아하는 계절의 온도로 맞춰주는, 인간만이 할 수 있는 지혜의 정수라는 생각이 든다.

따뜻한 바람이 부는 봄밤, 혹은 서늘한 달빛이 비치는 가을밤에 어디선가 "당신은 운이 좋은 사람입니까?"라는 질문을 듣는다면 이렇게 말해보자. "그럼요. 이렇게 감사하니까요."

'삶의 의미'를 추구해야 지치지 않는다

즐겁게 사는 게 중요하다고 했지만, 사실 그럴 수 없을 때가 더 많다. 이럴 때는 인생의 의미와 목적이 뚜렷한 사람들이 더욱 건강하고 행복한 삶을 산다는 것을 알면 위안이 될 것이다.

《인생의 재발견》의 저자 바버라 브래들리 해거티는 노인 연구를 하나 소개한다. 1,250명 이상의 수녀, 수사, 사제 집단과 1,750명의 평신도 집단을 대상으로 정확하게 치매를 예측하는 두 가지 태도를 찾아냈다. 하나는 '성실성'이었고 다른 하나는 '인생의 목적'을 중시하는 태도였다. 늙어서도 치매에 걸리지 않고 건강하게 사는 사람들은 88살이든 98살이든 매일 삶의 의미를 추구했고, 행복하게 다음 날을 고대했으며, 아침에 일어날 이유를 갖고 있었다고 한다. 반면, 목적의식이 부족한 사람들은 이들에 비해 치매 위험성이 2.5배나 높았다.

그러면서 해거티는 행복의 정의에 관한 유명한 말, '에우다이모니아eudaemonia'의 중요성을 언급한다. 에우다이모니아적 행복이란, 단기간의 행복감이나 즐거움도 중시하지만 삶의 목적을 갖고, 의미를 부여하며, 공동체적인 가치를 추구하는 장기적인 노력을 더 중요하게 본다. 예를 들어 자녀를 기르기 위해 자신의 목표를 잠시 보류하거나 대학에 가기 위해 핸드폰을 잠시 끊거나 올림픽 메달을 따기 위해 구슬땀을 흘리는 것처럼 잠시는 스트레스가 되고 심지어 고통스러울 수도 있지만, 장기적으로 더 큰 보람과 기쁨에 이르는 경험을 행복에 더 가깝다고 보는 것이다. 한 마디로 의미 있는 삶을 사는 것이라 할 수 있겠다.

위의 연구 외에도 최근 '수녀원 연구'가 꽤 이루어졌는데, 동질적 집단 상황이라 어떤 현상을 설명할 때 다양한 변수를 최대한 배제할 수 있다는 장점이 있기 때문이다. 이를테면 수녀원에서는 하루 일과나 음식 등이 동일하기 때문에 치매나 신체 질환의 원인 변수를 찾기가 훨씬 쉽다. 그런데 수녀원 연구 결과들을 보면 이분들이 돈, 명성, 쾌락 등 현대인들이 행복의 지표로 삼는 요인들이 거의 없음에도 행복하고 더 건강하고 치매도 덜 걸린다는 것이 공통적으로 보고된다. 정말 의미 있는 삶 때문일까.

종교인이 아닌 일반인을 대상으로 한 연구에서도 의미 있는 삶을 추구하는 사람들이 당뇨병이나 심혈관계 질환, 골다공증, 알츠하이머병 등 다양한 질병을 유발하는 염증의 생체지수가 더 낮고 콜레스테롤 수치도 더 낮으며 평균 수명이 길다는 점이 밝혀졌기 때문에 이 설명은 타당한 것 같다.

미국 국립보건원 연구팀에서는 자원봉사 활동을 하는 사람의 뇌는 보상을 받았을 때의 뇌와 같은 활성 패턴을 보인다면서, 이들이 보통 사람들보다 의욕이 넘치고 활동적이며 성취감과 행복감도 강하게 느낀다고 보고한 바 있다. 미국 대학교 졸업생들을 대상으로 관계와 성장을 중시하는 내적인 목표를 추구하는 청년들이 부와 외모, 명성 같은 외적인 목표를 추구하는 청년들에 비해 자기 자신과 다른 사람에 대해 만족감이 더 높았다는 연구도 있다.

이 연구자들 중의 한 사람인 UCLA 의대 교수인 스티브 콜은 이런 결과가 나온 것에 대해 이들이 보통 사람들보다 위협 반응을 덜 느끼고, 따라서 맞서 싸우거나 도망칠 필요도 더 적기 때문이라고 설명했다. 장기적인 삶의 의미를 추구하면 현재 일어나는 일들을 좀 더 대범하게 바라보게 될 것이고, 따라서 스트레스 반응이 낮으니 염증 지수 등이 낮을 수밖에 없을 것이다.

스티브 콜은 또한, 쾌락적인 활동을 하다가 못하게 되면 행복이 위협되는 느낌을 갖게 되지만, 자신이 지지하는 대의나 사람들 또는 공동체를 가치 있게 여기고 자신이 참여하는 활동을 소중하게 여기면 설사 개인적으로 안 좋은 일이 생기더라도 큰 위협이 되지 못한다고 추가로 설명한다. 요컨대, 행복은 즐거움이나 쾌락, 성공이나 성취가 다가 아니라는 것이므로 가끔은 무지개를 바라보며 삶의 의미를 떠올릴 필요가 있다.

물론 의미를 찾는 게 쉬운 일은 아니다. 모두 수녀원에 들어갈 수도 없고, 생활 속에서 해볼 수 있는 자원봉사도 에너지 수준이 낮은 우울 상태에서는 보통 어려운 게 아니다. 이럴 때 굳이 외부 활동을 하지 않더라도 삶의 의미에 닿을 수 있는 방법으로 기도나 자비명상이 있다. 자비명상은 본래 불교의 명상법이지만, 최근 명상을 이용한 심리 치료에 활용되고 있다. 나와 모든 존재들이 평화롭고 행복하기를 바라는 명상을 하는 것이다. 구체적인 방법도 많이 알려져 있는데 명상을 하면서 다음과 같은 기도를 하는 게 핵심이다.

'내가 평화롭기를 기원합니다.
내가 치유되기를 기원합니다.
걱정과 두려움에서 벗어나기를 기원합니다.'

그다음, 다른 사람을 떠올리며 똑같이 기도한다.

'당신이 평화롭기를 기원합니다.
당신이 치유되기를 기원합니다.
당신이 걱정과 두려움에서 벗어나기를 기원합니다.'

기도문은 각자 상황에 맞춰 하면 된다. 자비명상을 보낼 사람은 정말 많을 것이다. 당신이 사랑하는 사람은 말할 것도 없고, 미워하는 사람도 포함된다. 사실 이들이야말로 진짜 자비명상의 대상이긴 하다. 해보기 전에는 절대로 못 할 것 같지만 의외로 명상이 되는 이유는, 싫거나 미운 사람을 직접 보고 말을 할 때보다 생각으로 떠올려 그가 편하기를 기도하는 건 부담이 적기 때문이다. 하지만 억지로 할 필요는 없다. 마음이 허용하는 범위에서 하라. 불교에 자비명상이 있다면 기독교나 천주교에서는 도고기도가 있다. 남을 위한 이타적인 기도를 뜻하는 것으로 기도 중에서 가장 큰 힘을 갖는다고 한다.

테레사 수녀의 영화를 보는 것만으로도 인체 면역력의 지표로 간주되는, 침 속 항체 분비율이 증가한다는 연구가 있다. 존경스러운 사람에 대한 영화를 보는 것만으로도 면역력이 증가될 정도면 직접 자비명상을 할 때는 훨씬 더 증가할 것이다. 자비명상을 한다면 그 자신은 정말 존경스러운 사람일 것이기 때문이다.

이런 유익함도 좋지만 우울한 사람에게 자비명상이나 도고기도를 권하는 더 중요한 이유는, 매일 자비명상을 한 집단이 그렇지 않은 집단에 비해 행복감이 높고 사회적으로 연결돼 있다는 느낌을 받는다는 연구 때문이다. 우울할 때는 관계가 협소해지고 외로움이 증가하게 되는데 이런 모습은 또 이차적 우울을 파생시키므로 치료자들은 어떻게 해서든 사람들과 자주 접촉하리고 권한다.

하지만 이런 권유가 현실성이 참 떨어진다는 걸 부인할 수 없다. 자주 접촉할 수 있는 사람들, 혹은 교감할 사람들이 있다면 애당초 우울해지지 않았을 것이기에. 그런데 명상이나 기도를 하는 것만으로도 외로움이나 소외감이 많이 줄어들 수 있다. 타인에 대한 명상이나 기도를 하는 순간만큼은 여전히 사람들과 '연결'되어 있을 테니 납득이 된다. 직접 사람을 만나는 생생한 즐거움은 아니겠지만 영화 한 편, 시 한 편으로도 감동하고 힘을 얻는 뇌의 능력 덕분에 상상 속의 연결을 통해서도 작게나마 평화를 느낄 수 있다.

사람들과 마음이 맞지 않아 기분이 나쁘고 외로움을 느끼는 것까지는 두 사람, 혹은 세 사람의 심리학이지만, 그로 인해 세상 다 살았다는 듯이 의기소침해져서 면역력까지 저하되는 건 당신 개인의 심리학, 즉 당신 자신이 책임져야 하는 문제가 된다. 그러니 상황이 여의치 않더라도 비에 젖은 새처럼 있지 말고, 자비명상이나 기도를 하며 마음의 힘을 계속 따뜻하게 유지하고 있다가 힘이 충분해지거나 상황이 호전되면 직접 만나서 마음을 나누도록 하자.

삶의 의미를 갖고 있으면, 즐거움이나 쾌락이 부족해도 행복감을 느낄 수 있다. 에우다이모니아적 행복이 행복에 대한 완벽한 정의는 아니며 갑론을박도 있지만, 지금까지 철학자와 심리학자들이 찾아낸 가장 세련되고 고급스러우며 지속석인 기쁨을 누리게 하는 형태인 것만은 분명하다.

그래도 사람인 이상 지치는 게 사실이다. 수녀원 연구에서 수녀님들의 행복감이 높게 나온 것에는 사람들의 존경과 칭송도 한몫했다고 생각한다. 수녀복을 입고 헌신하는 그들을 사람들은 신의 사람들로 부르며 존경하고 좋아한다. 하지만 똑같은 헌신을 하는데도 주방용 앞치마를 입은 사람들에게는 그다지 고마움을 느끼지 않거나 심지어 막 대하기도 하지 않는가. 아무리 고귀한 의미를 갖고 있어도 소진감과 허탈감을 느낄 수밖에 없다. 이걸 막으려면 의미 있는 삶에 즐거움을 끼워 넣어야 한다.

앞서 언급했던 《사운드 힐링 파워》에 아주 아름다운 이야기가 실려 있다. '토마티스 청지각 요법'의 창시자이기도 한 프랑스 의사 알프레도 토마티스는 1960년 후반에 베네딕트 수도원의 요청으로 수도사들을 만나러 왔다. 수도원에 있는 대부분의 수도사들이 집단 희귀병에 걸려 채식을 중단하고 고기를 먹어야 한다는 제안까지 나올 정도여서 문진하러 간 것이었다.

'90명의 수도사 중 70명이 젖은 행주처럼 자신의 수도실에 쓰러져 있는' 모습을 본 토마티스는 원인을 찾던 중에 바티칸 II 개혁 후 새로 부임한 수도원장이 명령을 내렸다는 것을 알게 되었다. 수도사들이 매일 6~8시간 동안 그레고리오 성가를 부르던 기존의 관행을 중단하고, 더 의미 있는 일을 추구하라고 한 것이다. 하지만 토마티스는 노래가 수도사들의 의식 영역을 깨움으로써 활력을 주었다는 것을 알아채고 다시 노래하도록 했고 마침내 수도사들이 건강을 회복했다고 한다.

실화라면 놀라운 일이 아닐 수 없다. 저자인 미첼 L. 게이너는 이 얘기와 관련하여 그레고리안 성가의 치유력을 언급했지만, 나는 수도사들이 회복한 비결에 슬쩍 한 가지를 덧붙여 본다. 예전의 수도사들은 의식주를 자체적으로 해결해야 해서 농사, 밥 짓기, 집수리 등을 모두 직접 해야 했다. 무릎이 닳고 허리가 휠 정도로 고된 노동을 하던 중에 의자에 앉아 다리도 좀 쉬고 허리도 펴면서 노래하는 그들만의 '즐거움의 향유' 덕분에 나았을 거라고. 수도복을 입고 종일 의미 있는 삶을 살아도 즐거움을 향유하는 시간이 있어야 그 의미도 온전히 지속된다고 생각한다. 하물며 일반 사람들은 말할 것도 없을 것이다.

의미와 즐거움이 씨실과 날실로 엮인 삶을 산다면 어느 한쪽이 미흡해도 마음의 평안을 유지하기가 쉬울 것이다. 다만, 평상복을 입는 우리들, 특히 우울한 사람들은 많은 즐거움에 간간이 의미가 섞인 정도로 시작하는 게 좋겠다는 생각이다.

어디서 무얼 하든 행복은 당신의 것

어떤 관계에서 만족감을 느끼지 못할 때는 잠시 물러나 당신 자신의, 당신만의 가치와 목적을 생각해볼 때이다.

당신의 가치와 목적은 관계에서만 찾을 수 있는 게 아니다. 관계는 무수히 많은 가치 중에 그저 하나일 뿐이다. 관계를 잘 할 때 행복한 것은 맞다. 하지만 관계가 잠시 어그러졌다 해서 행복까지 어그러질 필요가 있을까. 사람들과의 관계가 틀어졌다면 동물이나 식물과 교감할 수 있고, 음악과도 교감할 수 있으며, 책으로부터 위로받고 지혜를 얻을 수도 있다.

나는 반려견을 키우면서 행복하게 사는 사람을 많이 알고 있다. 그중 한 사람은 즐거운 활동 목록의 최상위권에 '반려견을 태우고 자전거로 달리는 것'을 올려놓고, 심지어 반려견에게 좋은 음식을 먹이려고 유기농 육포를 집에서 만들기도 한다. "사람 먹을 고기도 없는데 가지가지 한다. 그럴 시간에 밖에 나가서 사람이라도 만나라."고 엄마로부터 등짝 스매싱을 맞아도, 지금 생활이 너무 즐거워서 다시 사람을 만나는 건 나중에 생각해 보겠단다. 실연당한 후 칩거해 있던 중 우연히 강아지를 키우면서 이루 말할 수 없는 위로를 받았고, 즐거움도 다시 찾았기 때문이다.

강아지 육포거리를 살 때 엄마 드실 것도 사 오는 지혜를 발휘해서 잘 넘어가고 있었는데, 며칠 못 가 또 잔소리를 하셔서 강아지 것은 호주산, 엄마 것은 한우로 차별화했더니 더 이상 간섭하지 않으신단다. 이 사람은 돈을 많이 벌어서 유기견 보호 사업을 하겠다는 꿈을 갖고 있으며, 혹시라도 인연을 만나게 된다면 유기견 관련 일을 하면서 만날 것 같다는 예감이 든다고 했다. 예전에는 사람만 쫓아다니느라 자신이 이렇게 개를 좋아하는 줄 몰랐는데, 지금 생각해보면 사귀던 사람은 동물을 끔찍이 싫어해서 오히려 헤어진 게 감사한 일이라고도 말했다.

사람은 어디에 있든 무엇을 하든 행복을 찾을 수 있다. 뇌 자체가 그렇게 생겨먹었기 때문이다. 우리의 유전자는 잘 보전되어 다음 세대로 넘어가야 하기 때문에 자신을 담고 있는 생명체가 즐겁고 행복하게 오래 살기를 바란다. 그래서 뇌로 하여금 어떤 상황에서도 행복을 찾게끔 만들어 놓았다.

종이와 연필이 없을 때조차도 동굴에 벽화를 그려놓은 인류의 먼 조상들을 생각해보라. 그저 양말일 뿐인데 기어코 버선코를 만들어 맵시와 멋을 냈던 조선의 여인들을 생각해보

라. 노동을 하든 휴식을 하든 뇌는 즐겁고 행복하게 할 수 있는 방법을 기어코 찾아낸다.

이것을 방해하는 것은 오히려 스스로 씌운 올가미다. '사람들하고 잘 지내야 진짜 행복한 거지. 인생 한 번인데 멋진 집에서 살아봐야 하지 않겠어? 남들 다 하는 세계 여행 한 번 못해보고 이렇게 쭈글쭈글하게 살아도 되는 거야?' 등의 무수히 많은 선입견과 고정관념들 말이다.

갑자기 가치와 목적을 찾는다는 게 막막할 수도 있으니 책 한 권을 소개해 본다. 제임스 힐먼의 《나는 무엇을 원하는가》이다. 미국의 분석심리학자이자 융 학파 정신분석가로도 유명한 저자는 이 책에서 인간의 삶에 깊숙이 관여하는 존재가 있음을 얘기한다. 그가 '다이몬'으로 호칭하는 소명, 숙명의 개념을 제시하면서 우리가 이 세상에 존재하는 데에는 분명한 이유가 있다고 말한다.

소명에 대한 그의 표현을 그대로 써보면 '나라는 고유한 인간이 여기에 존재하는 이유가 있다는 예감', '일상을 넘어서 내가 반드시 발을 담가야 하는 일이 있다는 느낌', '이 세상은 어쨌든 내가 여기에 존재하기를 바란다는 느낌'이라고 설명한다. 또한 '이 신성한 계획인 운명론은 밤하늘 별무리에 담겨 있으며, 최선의 세상에서 최선을 위한 일이 발생하므로 우리는 세상을 책임질 수 없다'고 말한다.

세상을 책임질 수 없다는 말은 수동적인 존재임을 강조하는 게 아니라 그 정도로 소명의 힘 아래 있다는 뜻으로 나는 해석한다. 그는 날마다 무언가가 계단에서 넘어지지 않도록, 발을 헛디디지 않도록, 무방비 상태가 되지 않도록 우리를 구해주는 존재, 음악 시디를 켜놓고 딴생각을 하고 고속도로를 질주하면서도 우리가 살아있도록 가능하게 하는 존재, 바이러스와 독성물질과 세균이 득실거리는데도 잘 먹고 건강하게 살도록 해주는 존재가 무엇일지 생각해보라고 촉구한다. '하물며 내 눈썹에도 진드기가 잔뜩 붙어 있다.'고 하면서.

내가 영감을 받았던 부분은, 심리학 psychology 은 영혼을 뜻하는 'psy'에서 파생된 용어로서 영혼을 탐구하는 학문이었는데 지금은 원래의 뜻을 상실했다고 지적하는 부분이다. 개개인이 저마다의 영혼의 이미지를 갖고 있는데 근대에 들어 심리학과 정신병리학은 이 보편적 개념을 제외해버렸다는 것이다. 아울러, 정신치료학파에서 성격구조의 핵심으로 간주하는 '억압'은 단순히 과거의 억압이 아니라 자신의 운명과 소명에 대한 억압이라고 말한다. 그 결과, 우리가 수호신에게 사랑받아 마땅하고 앞으로 다가올 삶에 꼭 필요한 사람이며 곤란한 상황에서 그 존재의 도움을 받음에도 자신이 맨몸으로 이세상에 던져졌으며 너무나 취약하고 근본적으로 외로운 존재라고 상상한다고 나무란다.

그의 책은 주제 자체가 소명, 수호신 등 영적인 것인 데다가 이것을 설명하기 위해 설명하는 글 역시 추상적이고 비유적이라 한 번 읽어서는 이해하기 힘들다. 내가 이해한 선에서 '억압'의 의미를 나름대로 해석해본다면, 심리치료가는 내담자가 무의식적으로 억압한 것을 통찰하게 해주려 애쓰지만, 기껏 부모와의 관계에서 파생된 아동기 기억일 뿐이다. 정작 중요한 것, 즉 자신이 소명을 갖고 사랑받아 마땅한 존재로 태어났음을 억압하고 있는 것은 다루지 않는다는 것이다. 나는 심리학자로서 그의 통찰력 있는 지적을 수용하고 '영성 심리 치료'를 고민하고 연구해보기로 마음먹었다.

자, 이번엔 당신의 마음이 궁금하다. 당신을 보호하고 지켜온 존재가 분명히 있는데 언젠가부터 그것을 '억압'하고 그저 자신이 취약하고 근본적으로 외로운 존재라고만 생각하지 않았는지. 만약 그렇다면 힐먼이 '지금까지 버림받았던 그 이름들을 우리는 이제 다시 불러내야 한다. 이미지, 기질, 성격, 숙명, 수호천사, 소명, 다이몬, 영혼, 운명, 뭐라 부르든 간에'라고 제안했던 것을 수용해 보겠는지.

만약 수용한다면 그것만으로도 삶의 가치와 목적을 찾는 첫발을 디딘 셈이다. 마지막 발이 어디에서 어떻게 끝날지, 손주들에 둘러싸여 행복하게 웃고 있을지, 히말라야 정상에 올라 있을지, 명품 옷을 걸치고 대도시 마천루에서 야경을 바라보며 지난 분기 최대 실적을 자축하고 있을지, 정확하게 알 수는 없지만 88살이든 98살이든 매일 행복하게 다음 날을 고대하며 잠들 수 있는 것이다.

하물며 당신이 지금 20대, 30대라면 아침마다 '오늘은 또어떤 소명이 나를 기다리고 있나 만나러 가볼까.' 하며 침대에서 발차기를 하며 일어날 수 있을 것이다. 아무리 소명을 찾아도 80세를 넘으면 발차기를 하며 일어날 수는 없는데 말이다. 나는 80세가 되려면 한참이나 남았지만 어느 날 아침에 저술에 관한 기가 막힌 생각이 떠올라 기분 좋게 발차기를 하면서 일어났다가 등과 허리에 담이 와서 일주일이나 고생했다. 나이가 들면 행복과 몸이 일치하지 않는다. 젊을 때는 몸 자체가 행복 아니던가. 발차기를 할 수 있는 그대들과 맞붙어볼 수는 없고 질투라도 해본다!

물론, 쉽지 않을 거라는 걸 안다. 당신이 가치와 목적을 찾아갈 때 사람들은 당신의 결정과 선택을 반대하기도 하고 심지어 비웃기도 할 것이다. 이럴 때는 팀 페리스가 《지금 하지 않으면 언제 하겠는가》에서 전해준, 선천적 사지절단증을 갖고 태어났지만 미국 최고의 장애인 선수로 선정된 카일 메이나드의 말을 기억하자.

"인생을 살다 보면 알게 된다. 풀리는 날보다 안 풀리는 날이 몇백 배는 더 많다는 것을, 응원하는 사람보다 비아냥대는 사람이 몇십 배 더 많다는 것을, 질 것을 알면서도 뛰어들어야 한다는 것을. 오늘 지복을 안겨준 것이 내일은 아닐 수 있다는 것을. 그럴 때는 간단하다. 처음부터 다시 추구하면 된다."

가치와 의미를 거창하게 찾으려고 하지 말자. '최고의' 타이틀을 다는 것만이 가치 있는 삶은 아니다. 옆에 있기만 해도 사람들의 기분을 편하게 하는 삶을 살고 있다면 이미 충만하다. 누군가가 목표한 바를 추구하도록 격려하고 좌절했을 때 위로하며 상대방을 칭찬하고 작은 친절을 베푸는 것만으로도 '빵 장수 야곱'처럼 영혼까지 즐겁게 사는 소명을 이루는 것이다. 작은 친절, 소박한 위로, 수줍은 칭찬…. 우울할 때도 한 번씩 할 수 있는 일들이다.

오늘도 둥근 해가 떴습니다

지금까지 마음 약사가 해야 할 일들을 살펴보았다. 하지만 실천하지 않으면, 그냥 책 한 권을 읽었을 뿐이다. 실천을 돕기 위해 하루 일과 가이드라인을 제시해 본다.

일반적인 일과표와 달라서 좀 생뚱맞게 느껴질 수는 있겠지만 아침에 일어나서 밤에 잠들 때까지 세로토닌을 분비할 수 있는 틈새를 놓치지 말자는 취지로 '세로토닌 활동 가이드'라고 이름 붙여 보았다. 각자의 생활과 비교해서 하루 일과 중 어느 포인트를 특별히 신경 쓰고 놓치지 말아야 할지 참고하기 바란다.

: 세로토닌을 분비하는 일과

먼저 전 국민이 아는 동요를 한 번 불러보자. 〈둥근 해가 떴습니다〉이다.

둥근 해가 떴습니다. 자리에서 일어나서

제일 먼저 이를 닦자. 윗니 아랫니 닦자.

세수할 때는 깨끗이 이쪽저쪽 목 닦고

머리 빗고 옷을 입고 거울을 봅니다.

꼭꼭 씹어 밥을 먹고 가방 메고 인사하고

학교에 갑니다. 씩씩하게 갑니다.

이 노래를 부르면서 학교에 갔던 기억, 친구들과 줄넘기를 했던 기억이 새록새록 난다. 해처럼 화창한 시절이었다. 가사 중에 '학교에'는 요즘은 '유치원에'로 부른다. 지금 불러도 저절로 둠칫둠칫 리듬을 타게 된다.

동요를 불러보자고 한 것은 우리 어른들이 유치원 애들만도 못한 하루를 보낸다는 것을 알아차리게 하기 위해서다. 나도 어렸을 때 그랬지만 지금 아이들도 아침에 이런 순서로 씩씩하게 하루를 시작한다. 게다가 이 모든 순서를 낄낄대고 웃으면서 한다. 가사를 현실 버전으로, 그리고 토털 사운드 버전으로 바꿔보자.

둥근 해가 떴습니다. (야호! 해가 떴네. 엄마, 엄마. 해님이 얼굴을 내밀었어요.)

자리에서 일어나서 (영차! 일어나자. 야, 너도 일어나. 안 일어나면 방구 공격을 할 테다.)

제일 먼저 이를 닦자. (크크크 치약을 이따만하게 짜서)

윗니 아랫니 닦자. (히히히. 야, 네 이빨에 충치균이 날름날름한다. 나는 없지롱.)

3부. 마음 약국의 생활 밀착 처방전

세수할 때는 깨끗이 (푸하푸하! 물 공격을 받아랏! 야잇)

이쪽저쪽 목 닦고 (흐흐흐, 간지러워, 간지러워.)

머리 빗고 옷을 입고 (엄마, 머리가 엉켰어요. 개미가 개미집을 만들고 있나 봐요.)

거울을 봅니다. (거울아, 거울아 세상에서 내가 제일 예쁘지?)

꼭꼭 씹어 밥을 먹고 (와, 소시지다. 왜 나만 조금 줘? 더 줘, 더. 소시지는 내 친구)

가방 메고 인사하고 (다녀오겠습니다! 히히 엄마가 뽀뽀해주니까 기분 좋다.
야, 내가 먼저 엘리베이터 버튼을 누를 거야.)

학교에 갑니다. (어, 짝꿍! 이따 떡볶이 먹고 같이 게임하자. 신난다!)

씩씩하게 갑니다. (오늘 점심엔 무슨 반찬이 나올까. 맞다, 오늘 엄청 재밌는 체
육 쌤 오시는 날이지, 와우, 설렌다.)

　　이 버전은 절대로 가상현실이 아니다. 아침마다 아이들이
실제로 내뱉는 말이며. 이에 일일이 반응하거나 야단치느라
엄마의 혼이 다 빠진다. 그럼에도 엄마들이 매일같이 이 소란
을 견뎌내는 이유는 자식이 행복해하기 때문이다. 오히려 아
이들이 아침에 괄호 안의 말이나 행동을 전혀 안 한다면 몸이
아프거나 우울할 가능성이 있다. 얘들이 대단한 행복거리를
갖고 있는 게 아니다. 일어나서 세수하고 양치질하는 일상에
서도 그토록 재밋거리를 찾아내는 순수한 지혜를 갖고 있을
뿐이다.

　　힐먼의 표현을 따온다면 내면의 지혜를 아직 '억압'하지 않
고 기억하고 있을 뿐이다. 아이들이 어른들보다 건강하고 면

역력이 강한 이유가 하루에도 평균적으로 몇백 번이나 웃음을 터뜨리기 때문이라는 심리학 연구를 들은 적이 있다. 어른들은 기껏해야 열 번 남짓 웃을 뿐이란다. 가만, 나만 해도 오늘 한 번도 안 웃은 것 같다.

이렇게 재미없는 어른이 된 데에는 그럴 만한 사정이 다 있을 것이다. 그러니 큰 걸 바라지는 말자. 모든 상황에서 즐거움을 찾아내고 하루에 몇백 번 웃어대는 지혜까지는. 하지만 오늘 아침에도 우리를 찾아 준 둥근 해를 시큰둥하게 쳐다보고, 우리가 즐겁게 살 수 있도록 수많은 기회의 창을 열어놓은 세상을 불편하게 노려보는, 그런 바보 같은 행동은 하지 않아야 한다. 벌떡 일어나서 최대한 즐겁고 씩씩하게 하루를 살아보자.

다음은 당신의 하루 일과의 큰 틀을 가상으로 적어본 것이다. 미혼이고 직업을 가진 상황으로 가정해서 작성했으므로 당신의 상황에 맞춰 재구성하기 바란다.

일과	세로토닌 활동 가이드	추가할 내용
기상	• 눈 뜨면 미소 지으며 "감사합니다" 말하기 • 기지개 켜고 누워서 체조하기 • 오늘도 씩씩하게 살기로 다짐하기 • 하나, 둘, 셋에 일어나기 • 동·식물 챙기기 • 햇빛 보기 • 창문 열고 신선한 공기 마시기 • 활발한 음악 틀기	
세수, 양치 등	• 좋은 향의 비누 쓰기 • 거울 보면서 웃기	
식사 준비, 먹기	• 일용할 양식을 주심에 감사하기 • 천연 재료 최대한 사용하기 • 꼭꼭 씹어 먹기 • 시간이 없거나 입맛이 없을 때는 바나나, 사과, 우유 등 트립토판이 함유된 음식 먹기	
출근 준비	• 입고 나갈 옷을 전날 대충 정해놓기 • 스피드 화장법 등을 미리 알아놓기	
업무 (오전, 오후 동일)	• 일에 집중하기 • 스트레스 받으면 심호흡하기 → 세 칸 기법에 속상한 일 적고 '생각 바꾸기', 혹은 '셀프 톡 찾기' → 기분이 나아지지 않으면 저녁에 다시 하기 • 틈틈이 물 마시기, 간단한 다과 섭취 • 틈틈이 이완하기	
점심	• 가능하면 동료와 같이 먹으며 수다 떨기, 감정 표현하기 • 식사 후 20~30분간 꼭 햇빛 쬐며 산책하기 • 감사한 것들 생각해보기	

일과	세로토닌 활동 가이드	추가할 내용
퇴근 후 밖	•실외용 즐거운 활동 해보기 → 친구 만나기 → 문화생활, 여가활동, 자기계발, 운동 등 → 폭음, 폭식하지 않고 즐겁게 먹기	
퇴근 후 집	•실내용 즐거운 활동 해보기 → 즐거운 활동 알람 맞추고 집안일 하기 → 실내 자전거 타면서 TV 등 시청하기 •가족이나 친구들과 전화하기 •내일 출근 준비해놓기	
자기 전	•낮에 해결하지 못했던 '생각 바꾸기', '셀프 톡 찾기' 작업하기 •전문적인 도움을 받아야 하는지 판단해보기 •행복 일지, 감사 일지 적기 •스트레칭, 체조 등으로 이완하기 •명상하기	
취침	•누워서 감사 기도 하기 •내일 건강하게 일어나는 모습 떠올리며 잠들기	
주말	•햇빛 충분히 쬐기 •운동 좀 더 하기 •즐거운 만남 갖기 •반찬 만들어놓기	

표로 만들어 보니 갑자기 할일이 많아진 듯 번잡하게 느껴
질 수도 있지만, 실제로 해보면 순식간에 지나가는 일들이다.
그럼에도 당신이 기혼자이거나 특히 어린 아이들의 엄마, 게

다가 워킹맘이라면 퇴근 후에서부터 자기 전까지의 일과는 이보다 열 배 더 쪼개질 것이다. 하지만, 적어도 기상 직후와 점심, 취침 전의 일과는 얼추 유사하게 맞출 수 있을 것이다. 바쁜 현대인들에겐 지금 언급한 이 세 가지 시간대가 세로토닌 분비에 가장 중요하니 너무 부담 갖지는 말자. 나머지는 주말에 보충하면 된다. 세로토닌을 분비하는 일과를 하나도 못 한 날엔 자기 전에 감사와 명상의 시간을 1분만 가져도 된다. 그리고 다음 날 눈을 떴을 때 감사하며 일어나는 것만 하자. 이것만 해도, 아예 안 하는 것에 비해 세로토닌 분비가 달라진다.

: 일상을 어르고 달래 앞으로, 앞으로

앞에서 행복을 즐거움과 쾌락, 에우다이모니아의 두 가지 차원에서 살펴봤듯이, 하루 일과에서 두 차원의 행복을 다 누릴 수 있다면 굉장히 이상적인 것이 된다. 5:5는 꿈에서나 볼 수 있는 비율이고 9:1의 비율이라도 에우다이모니아적 일과를 넣으면 좋겠다.

주중에는 누군가를 도와주고 친절을 베풀며 기도해주는 것만으로도 충분하고, 주말에는 자원봉사를 하는 것처럼 좀 더 적극적으로 해볼 수도 있을 것이다. 하지만 우울이 심할 때는 그저 즐겁게 지내는 것만 신경 쓰도록 하자. 에너지가 올라오면 다시 봉사활동 등을 하면 된다.

봉사와는 좀 다른 개념이긴 하지만 '육아'는 잠시 내려놓을 수도 없는 지속적인 헌신이라 특히 아이 키우는 부모가 우울증에 걸리면 유난히 더 안타깝다. 우울해서 하루 일과표가 어그러진다 했을 때, 보통 사람들은 자신의 일과가 어그러지는 것이지만, 부모가 그럴 때는 아이들의 일과마저 무너져 이중의 짐을 지게 되기 때문이다.

크게 위로가 되지는 않겠지만, 상담 경험상 미혼 남녀보다 아이를 키우는 부모가 우울증으로부터의 회복이 빠르다. 책임과 의무가 우리를 기운 빠지게만 하지는 않는다는 것, 더 건강하게 살게 해준다는 것이니 힘을 내도록 하자.

하버드 의과대학의 생물학 박사이자 영성연구자인 조안 보리센코는 아이들에게 주의를 기울이는 것도 명상일 수 있다는 반가운 말을 했다. 아이에게 주의를 기울이면 다른 생각을 할 틈이 없으니 일리가 있다. 워킹맘이라면, 자기 전 1분 명상, 기상 후 30초 감사, 그리고 아이들에게 사랑을 주는 것만으로 세로토닌은 문제없이 분비된다. 아이들은 둥근 해만 떠도 낄낄대는, 세로토닌의 정수精髓들이므로. 내 경험으로는 저녁에 아이들에게 동화책을 읽어주다가 같이 잠들어도 세로토닌이 흠뻑 분비되었던 것 같다.

제시한 일과는 참고용일 뿐, 개인의 시간표는 천차만별일 테지만 즐거운 활동을 하고 잘 먹고 잘 자고 운동하고 명상도 하고 특히 감사하고 삶의 의미와 목적도 찾아보면서 생활 속에서 즐겁게 치료해보겠다는 원칙을 잊지 말아야 한다. 다만, 이렇게 한 줄로 요약해보니 치료라는 말이 무색할 정도로 너무 평범한 활동이라 독자들이 오래 마음에 담아둘지 살짝 걱정되긴 한다. 하지만 다리가 부러져 침대에 누워 있는 상황이 아니고서야 생활에서의 실천은 치료가 잘되고 있다는 지표이므로 정말 중요하다.

최근 트라우마에 관한 책을 두 권 읽었다. 한 권은 앞에서 보았던 《몸은 기억한다》이고 다른 한 권은 《불행은 어떻게 질병으로 이어지는가》이다. 두 번째 책의 저자인 네이딘 버크 해리스는 소아과 의사이지만, 지역사회에서 일하던 중 압도적 트라우마와 스트레스에 처한 아이들을 목도하면서 아동기의 불행과 손상된 건강 사이에 '생물학적 연관성'이 실재할지도 모른다는 생각을 하게 되었다. 그래서 그것을 과학적으로 검증하는 데 매진했다.

그녀는 압도적 트라우마에 놓였던 아이들을 깊은 연민으로 치료하는 수준을 넘어 아동기에 경험한 해로운 스트레스 때문에 개인의 몸속에서, 가족 안에서, 공동체 안에서 실제로 어떤 일이 벌어지고 있는지 폭로하며 아동기 학대 문제를 공중보건의 문제로 다시 보아야 한다고 주장해 사회 각 층에 큰 울림을 주었다.

그리고 사랑을 품은 양육자에게 제대로 된 지원을 받는 것 같은 본질적인 안에서부터 건강권과 학습권을 보장하도록 하는 사회적 제도에 관한 안까지 폭넓은 해결책을 제시한다. 그런데 개인이 할 수 있는 방법으로 그녀가 제안한 것은 현장에서 효과를 확인한 방법이라고는 하지만, 무척이나 소박해 보이는 운동, 명상, 건강한 식단, 대화 치료 등이다.

《몸은 기억한다》의 저자 반 데어 콜크 박사 또한 외상후 스트레스 장애를 연구해온 세계적인 학자로서 해리스와 마찬가지로 트라우마를 개인 문제가 아닌 가족 문제이자 사회 문제로 확장해서 들여다봐야 한다고 주장한다. 그리고 전통적인 치료 기법을 대안 치료와 조합하면 몸의 통제력을 되찾고 뇌의 배열 상태를 바꾸어 인생을 새로이 구축할 수 있다고 했다. 그가 제안했던 대안치료는 요가, 뉴로피드백, 연극 치료, 운동, 예술 활동, 봉사, 지압요법, 명상 등이다.

두 전문가가 제시한 치료법 중에 뉴로피드백이나 연극 치료를 제외한 나머지 방법들은 대부분 지금까지 살펴봤던 흔한 것들이지 않은가. 콜크는 미해결 상태로 남은 가족 트라우마가 세대에 걸쳐 대물림된다며 심각성을 환기시켰는데, 개인의 신체적, 심리적 문제를 넘어 사회 전반에까지 영향 미치는 트라우마에 시달렸던 환자들을 호전시키는 방법도 알고 보면 평범해 보이는 것들이다.

하지만 그 효과는 결코 약하지 않다. 콜크는 트라우마에서 회복하려면 자신의 몸과 마음에 대한 소유권을 찾아야 하기 때문에 자신이 알고 있는 사실을 편하게 받아들이고 그 일에 압도되거나 분노하거나 수치스러워하지 않고 있는 그대로 느껴야 한다고 하면서 다음과 같은 구체적인 방향을 제시한다.

1) 침착하게 집중할 수 있는 방법을 찾고
2) 과거를 상기시키는 이미지와 생각, 소리, 신체 감각을 접해도
   계속 침착함을 유지하는 법을 배우며
3) 현재를 충실히 살고 주변 사람들의 일에 관심을 갖는 법을 배우고
4) 자기 자신에게 비밀을 만들지 않아야 한다.

운동, 명상, 예술 활동, 그리고 말하기, 쓰기 등이 그가 제시한 방향과 맥락이 같다는 것을 알 수 있다. 현재를 충실히 살면서 침착하게 집중할 수 있으려면 일상적이고 평범한 일을 잘 다루어야 한다는 것은 당연하다. 상담실에서 아무리 이해를 잘 하고 수용을 잘 해도 돌아가서 생활이 엉망이라면 그것은 진정한 치료가 되었다고 볼 수 없다. 결국 '평범함이 가장 위대한 것이다.'

학대를 오래 받아 말문이 막힐 정도로 힘들게 살아왔던 사람조차도 이 평범한 일상적 방법으로 트라우마를 조금씩 극복할 수 있다면, 더 빨리 평안해질 것이다. 그러니 조금씩이라도 앞으로 나아가자. 당신이 만약 자전적 에세이를 쓴다면 책 이름은《먹고 기도하고 사랑하고 즐거워하고 일하고 운동하고

명상하고 감사하라》이다. 제목이 촌스러워 보여도 그냥 촌스
럽게 살자. 폼 나게 살면서 불안한 것보다 평화롭고 촌스럽게
사는 게 낫다.

길버트는 실제로 먹고 기도하고 사랑해서 우울에서 벗어
났고, 아무도 예상하지 못했던 베스트셀러 작가가 되었다. 당
신도 먹고 기도하고 사랑하고 즐거워하고 일하고 운동하고 명
상하고 감사하고 행복해하라. 우울에서 벗어나 아무도 예상하
지 못했던 삶을 만나게 될 것이다.

어떤 결정을 했으면 딱 한 달만 뒤돌아보지 말고 '이 정도
면 아주 좋아. 충분해.' 하면서 긍정주의자로 지내보자. 한 달
후, 크게 나쁜 것 같지 않으면 한 달 더 그렇게 살아보자. 무엇
보다도, 자신의 선택에 책임을 지자. '이 직장은 내가 선택한
거야. 이 결혼은 내가 결정한 거야. 그러니 책임도 내가 지는
게 맞지.' 하면서 쿨한 모습을 보이면 세상도 당신에게 쿨하게
다가온다. 자신에 대해 실망감이나 불만거리가 떠오르면 '내
잔이 넘치나이다.' 하면서 봉쇄해 버리자.

그저 계속 앞으로 나아가자. 모처럼 밖에 나가게 되면 좋아
하는 것, 마음에 드는 것을 하나씩 세어 보라. 햇빛, 바람, 마음
에 드는 카페와 음식, 식당 등. 쇼핑몰에 들어가면 '와우, 멋진
옷이네. 오, 다음에 꼭 사야지!' 하면서 구매 목록에 일단 넣어
두라. 구매하는 날이 10년 후라 할지라노 기분 먼저 좋아지는

선수를 치자. 기분이 먼저 좋아져야 나중에 파티를 즐길 수 있을 테니.

'운동하기 싫어' 생각이 들면 '그냥 잠깐 나가보는 거야'라고 달래고 '1시간이나 어떻게 해?' 생각이 들면 '10분만 하는 거야'라고 어르고 '일주일에 3번씩이나 어떻게 해?' 생각이 들면 '한 번만 하는 거야'라고 설득하면서 꾸준히 움직이다 보면 어느새 생활이, 아니 세상이 다시 반짝거린다는 것을 알게 될 것이다.

: 당신의 루르드가 반드시 있다

소냐 류보머스키는 과학적 탐구를 중시하는 심리학 교수지만 《행복의 신화》에서 걱정거리를 봉인 가능한 용기에 담아보라는, 동화에나 나올 법한 방법을 소개한다. 그녀는 골치 아픈 문제를 일기나 편지, 사진 형태로 만들어서 용기에 넣고 봉인하는 행위가 실제로 문젯거리나 가슴앓이를 심리적으로 정리하는 데 도움을 주는 걸로 나타났다면서 '바보 같아 보일지 모르지만' 독자들에게 한번 시도해 보라고 권하고 싶다고 했다.

우리도 봉인해야 할 것이 산더미다. 왜 태어났는지, 괴로운데도 왜 살아야 하는지, 죽으면 모든 문제가 끝나는지, 왜 이렇게 내 마음을 이해해주는 사람이 없는지, 최선을 다해 살고 있는데 왜 인생은 아직도 이 모양인지, 도대체 얼마나 더 노력해야 하는지 같은 많은 문제들에 대해 오늘까지 답을 찾을 수 없었던 것들을 용기에 넣고 봉인해 보자. 그리고 먼저 찾은 답이 제시하는 길을 따라 일단 가보는 것이다. 찾은 답이 맞는지 확신이 부족할 때는 '잘 모르겠지만 이 방향으로 가는 게 맞는 것 같은데? 해보고 아니면 돌아오지 뭐.' 이렇게 부담 없이 가보는 것이다.

류보머스키는 봉인해서 잊어버리라는 의미로 이 방법을 권했던 것 같은데, 나는 봉인했던 문제들 중에 여전히 답을 못 찾았는지 다행히도 하나는 찾았는지 1년 후 확인해 보는 것도 나쁘지 않다고 생각한다. 답을 못 찾은 것들을 다시 봉인하고 다시 1년 후에 무엇이 달라졌고, 여전히 똑같은지 또 확인하고 말이다. 봉인을 열어 확인할 때를 아예 '걱정하는 시간'으로 만들어 그 시간에만 왕창 걱정하고 나머지 시간에는 온통 '내가 행복하고 다른 사람도 평화로우려면 지금 무엇을 해야 하지?'에만 집중해보자.

비록 그 방법이 '바보 같아 보이더라도' 때로는 바보처럼 살기도 해야 한다. 아니, 늘 바보처럼 촌스럽게 살다가 어쩌다 한번 세련되게 사는 게 인생인지도 모른다. 바보 같아 보여도, 동화 같아 보여도 이게 효과가 있는 것은 바보고 동화니까 '이렇게 저렇게 해서 행복하게 살았더래요!' 하는 기대를 계속 가질 수 있기 때문이다.

그리고 기대를 갖고 있는 한 마침내 바라던 결과가 나타난다. 설사 그런 결과를 얻지 못했다 해도 멋진 인생을 산 것은 변함없다. '성공하는 삶은 결과가 아니라 기대할 수 있는 것들이 많은 삶'이므로. 팀 페리스가 자신의 책에 언급했던, 미국의 유명한 블로거인 팀 어번의 말이다.

앞에서 언급했던 조 머천트의 《기적의 치유력》에는 흔히 접하기 어려운 치유 현장의 이야기들이 생생하게 적혀 있어서 나 같은 임상가에게 정말 고마운 책이다. 루르드 샘물 이야기도 그렇다. 치유의 물이라 불리는 루르드 샘에 관한 이야기는 이미 알고 있었지만, 루르드 의료국의 국장 알렉산드로 드 프란시스시스와의 너무나 솔직한 인터뷰는 다른 데서 볼 수 없었던 귀한 내용이었다.

프란시스시스에 의하면 루르드 물을 마시고 나았다고 보고하는 사람이 있으면, 루르드 국제의료위원회에 진단서를 보내서 해당 사례가 확실히 신의 기적인지 검증받아 공식 진료 기록을 작성한다고 한다. 1858년 14세 소녀가 성모마리아를 직접 18번이나 봤다고 간증한 후로 기적의 장소로 인정되어 세계 각지에서 매년 5백만 명 이상의 사람들이 찾는 곳임에도 공식적으로 치유를 인정받은 사람은 단 69명뿐이라고 한다. 프란시스시스는 "고작 69명입니다. 병원이었다면 다음 날 문을 닫았어야 할 것입니다. 하지만 루르드는 병원이 아닙니다. 예배 장소죠."라고 말한다.

루르드에서는 환자를 환자가 아닌 한 사람으로 대우해주고 자연스럽게 함께 노래 부르고 기도하고 대화하고 춤을 추고 맥주를 마신다고 한다. 머천트의 표현대로 '인간성 전체를 아우르는 치유'인 것이다.

자국에 기적의 샘이 있다고 뽐내거나 과장해서 선전하기보다 오히려 철저한 의학적 검증을 통해 솔직한 통계를 보여주는 프랑스에 큰 매력을 느낀다. 사람들이 기적의 물이라고 믿는 신성한 장소가 있고 그것을 인간성 전체를 아우르는 치유 시스템으로 확장시키는 나라에 살고 있다면, 우리도 좀 더 행복해질 것 같다. 앞에서 내가 위약효과가 잘 나타날 수 있는 사람이라고 말한 바 있는데, 하물며 루르드에 간다면 통계수치가 70명이 되는 데 일조할지도 모른다.

하지만 먼 훗날에는 어떨지 몰라도 당장은 그럴 마음이 없다. 기저귀 같은 옷만 걸치고 자원봉사자들의 도움으로 물속에 빠진다든지 복잡한 의료 검증을 받는다는 게 번거롭기도 하지만 여행을 가지 못해도, 샘물을 먹지 못해도, 행복에 이르는 방법을 이미 알고 있으니까.

우울하다면, 자신을 환자로 부르지 말고 그저 잠깐 약이든 심리치료든 도움을 받는다고 생각하자. 그리고 즐거움을 먼저 찾고 내일이 없는 것처럼 그 즐거움을 누리자. 부정적인 생각을 경계히고 싦의 의미와 유대감을 놓지 말자. 사람들이 나와의 유대에 관심이 없다면 신, 천사, 동물, 식물, 음식, 음악, 혹은 뜨개질과 페인트칠까지 사람 말고도 우주를 채우는 존재들과 먼저 유대하자. 여유가 있으면 내게 불친절했던 사람들이 평화롭게 살도록 기도해주자. 또 여유가 있으면 명상하자. 무엇보다, 감사하자.

주류 의학을 벗어나는 치료 방식에 회의를 갖고 책을 쓰기 시작했지만, 위약효과를 비롯한 대체의학의 치유력을 인정하게 된 머천트는 '내가 배운 거의 모든 방법의 핵심에는 한 가지 중요한 원칙이 있다. 우리 스스로가 안전하고 사랑받고 있으며 상황을 통제한다고 느끼고 있으면 잘 헤쳐나갈 수 있다.'는, 오래 기억될 만한 결론을 맺는다.

물론 새로운 내용은 아닐 수도 있다. 하지만 그 느낌을 한 번도 온전히 받지 못했다면, 당신이 안전하고 사랑받는 느낌을 받기 위해 꼭 누군가의 도움을 받으려 했기 때문이 아닌지 '새롭게' 생각을 해봐야 한다. 스스로 할 수 있는 일들을 먼저 해보자. 마음 약사가 되어 보는 것이다.

마음 약사가 되기 위해 읽어야 할 참고서적은 무수히 많으며 이 책은 그 수많은 책 중에 한 권일 뿐이다. 당신이 도움을 받았다면 너무 행복하겠다. 하지만 도움이 안 되었다면 기필코 다른 책, 다른 치료, 다른 전문가를 통해서 행복을 찾는 것을 멈추지 않기를 바란다. 세상에는 당신의 루르드가 반드시 있다.

21일간의 행복 조제 일지

사전 준비물

○ 1. 마음 약사 필기고사 100점 맞기 (57쪽 참고)

○ 2. 행복 선서 (58쪽 참고)

○ 3. 세 칸 기법 용지 (66쪽 참고)

○ 4. 인지적 왜곡 고침 표 (79쪽 참고)

○ 5. 즐거운 활동 목록 만들기 (131쪽 참고)

○ 6. 세로토닌 활동 가이드 (204쪽 참고)

1부를 마치기 전에 필기고사를 치렀을 것이다. 아직도 안 했다면 반드시 치르고 오시기를. 2부와 3부, 그리고 여기의 내용까지는 실기고사에 해당한다. 필기고사에서 100점을 맞았더라도 실기고사를 통과하지 못하면 마음 약사 자격증을 따는 시간이 오래 걸린다. 필기고사 난이도가 쉬웠고 커닝도 허락했듯이 실기고사 난이도도 쉽다.

이제부터 작성할 일지의 항목 중 하루에 한 가지, 혹은 3일에 한 가지만 오케이 표시가 나도 시험 통과다. 일주일에 한 가지? 그건 좀 곤란하다 3일에 한 번씩만 해도 행복 습관을 만드는 뇌 회로가 형성되기 시작하지만, 그 이상 간격이 벌어지면 회로가 열렸다 닫혔다 하느라 매우 산만하게 일이 진행된다. '뭐야, 이거? 행복하겠다는 거야 말겠다는 거야. 도대체 주인님이 바라는 게 뭐야? 바라는 게 명확해야 나도 일할 맛이 나지.' 이렇게 뇌가 불평이라도 하면 행복은 명절에나 한 번씩 먹는 소고기처럼 보기 드문 것이 된다.

뇌가 즐겁게 일을 잘할 수 있도록 행복 맛집을 만들어보자. 행복 조제 일지를 써서 빨리 행복 습관을 들였으면 좋겠다. 행복 조제 일지는 21일치가 수록되어 있다. 습관을 들이려면 최소한 21일이 필요하다는 뇌과학 연구에 따른 계산이다. 더 오래 작성할수록 효과가 좋아지는 건 당연하니 당신만의 노트를 만들어 계속 쓰기를 바란다. 습관을 확실히 들이기 위해 권장하는 기간은 3~6개월이다. 일단 21일부터 채워보자.

3부에서 봤던 '하루 일과표'가 세로토닌 분비를 위한 일회성 점검표라면, '행복 조제 일지'는 하루를 마감하면서 다짐했던 것을 실천했는지 매일 점검하고, 특히 그날의 스트레스를 집중적으로 해소해보는 목적을 가진다. 행복 조제 일지를 쓰자고 했는데 '제조'와 '조제'는 미묘한 차이가 있다. 국어사전을 찾아보면 제조는 '공장에서 큰 규모로 물건을 만듦.'이라고 설명하고 있고, 조제는 '물건을 주문에 따라서 만들다. 조절하여 만들다.'로 설명하고 있다. 당신의 주문에 따라, 즉 당신이 원하는 대로 행복을 조절해서 만들어 보자는 취지에서 '조제' 일지로 이름 붙이려 한다. '자, 오늘은 세로토닌 한 술에 도파민 반 술을 섞어보자.' 이런 식으로 행복을 조제해보자.

당신이 원하는 대로 행복을 조제하라는 말을 하면서 드는 생각이 있다. 어떤 사람에게는 성공이 세상에서 가장 짜릿한 행복일 것이다. 그런데 이 책에 감사, 만족 등의 표현이 많다 보니 '성공'의 행복을 중시하지 않는다는 느낌을 받을지도 모르겠다. 만약 그렇게 느낀다면 다음과 같은 이유 때문일 것이다. 성공을 통한 행복을 중시하는 사람은 생활 속의 행복을 강조하는 이런 책을 읽지 않을 거라는 것, 진정한 성공을 이루려면 일상생활부터 안정되어야 한다는 것, 성공한다 해도 작은 즐거움을 놓치고 있다면 행복감이 오래 지속되지 못한다는 것 등이다.

이런 점들 때문에 굳이 다루지 않았을 뿐, 나는 당신이 성공하기를 진심으로 바란다. 성공이라는 단어만큼 심장을 뛰게 만들고 강한 추진력을 갖게 하는 것도 그리 많지 않다. 따라서 행복 조제 일지 마지막에 성공을 위한 오늘의 노력을 한 줄 추가하려 한다.

아울러, 성공의 과정에서 잠시 막혔다면 이 책에 적힌 방법들을 통해 기운을 차린 후 다시 시도한다면 반드시 꿈을 이룰 거라고 믿는다. 작은 행복을 소중히 여기면 성공에 이르는 동선이 짧아질 뿐 아니라 '결과보다 과정이 중요하다'는 말이 고생 끝에 성공한 사람들의 사리 같은 진언이었음을 알게 될 것이다. 또한 남들이 부러워하는 성공에만 포커스를 맞추지 말고 성장, 배움, 나눔 등 좀 더 넓은 차원에서 성공을 정의해놓으면 발걸음이 가볍다. 가벼운 사람, 즐기는 사람이 정말 성공한다.

오늘의 핵심 사건: 팀장이 나를 비난했다.
그때의 생각과 감정: 창피하기도 하고 화나기도 했다.

샘플

항목	실천	내용	다짐
뇌의 거짓말 찾기	OK	넌 구제 불능이야.	
생각에 점수 매기기	OK	6점. 동료가 위로해줘서 더 나빠지진 않았어.	동료와 계속 잘 지내야지!
인지적 왜곡 찾기	OK	난 늘 실수 해.	
자기패배적 신념 찾기	OK	실수하면 안 돼.	
긍정적 셀프 톡 찾기	OK	늘 실수 하는 게 아니라 어쩌다 실수할 때가 있는 거지. 실수 안 하는 사람은 없잖아. 실수도 해야 매력 있지.	
현실적 해결방안 모색하기	OK	실수하는 원인에 대해 선배의 조언을 구해봐야겠다. 며칠 지나도 계속 우울하면 사내 상담실에 가보자.	
긍정적인 방향으로 주의 전환하기	OK	오후 근무 전에 5분짜리 개그 영상을 하나 봄.	
수다 떨기, 속마음 말하기, 녹음이나 일기 쓰기	OK	일기에 팀장에 대한 감정을 솔직하게 적음. 긍정적 셀프 톡으로 마무리.	
즐거운 활동하기	OK	퇴근 후 친구와 치맥 한잔. 음악 들음. '사노라면' 듣고 위로됨.	
운동하기, 햇빛 쬐기	ㅠㅠ		주말에 꼭 해야지.
집안일 하기	OK	메추리알 장조림 만들기 성공. 잘했어!	
가족이나 친구에게 전화하기	ㅠㅠ		내일 해야지.
감사하기	OK	좋은 친구가 있다는 거!	
심호흡하기, 명상하기	OK	이제 할 거야.	
성공을 위한 한 걸음	OK	자격증 교재 10쪽 읽음.	주말에 50쪽 도전!
추가:			

오늘의 핵심 사건: 그때의 생각과 감정:			1일차
항목	실천	내용	다짐
뇌의 거짓말 찾기			
생각에 점수 매기기			
인지적 왜곡 찾기			
자기패배적 신념 찾기			
긍정적 셀프 톡 찾기			
현실적 해결방안 모색하기			
긍정적인 방향으로 주의 전환하기			
수다 떨기, 속마음 말하기, 녹음이나 일기 쓰기			
즐거운 활동하기			
운동하기, 햇빛 쬐기			
집안일 하기			
가족이나 친구에게 전화하기			
감사하기			
심호흡하기, 명상하기			
성공을 위한 한 걸음			
추가:			

오늘의 핵심 사건: 그때의 생각과 감정:			2일차
항목	실천	내용	다짐
뇌의 거짓말 찾기			
생각에 점수 매기기			
인지적 왜곡 찾기			
자기패배적 신념 찾기			
긍정적 셀프 톡 찾기			
현실적 해결방안 모색하기			
긍정적인 방향으로 주의 전환하기			
수다 떨기, 속마음 말하기, 녹음이나 일기 쓰기			
즐거운 활동하기			
운동하기, 햇빛 쬐기			
집안일 하기			
가족이나 친구에게 전화하기			
감사하기			
심호흡하기, 명상하기			
성공을 위한 한 걸음			
추가:			

오늘의 핵심 사건:	
그때의 생각과 감정:	3일차

항목	실천	내용	다짐
뇌의 거짓말 찾기			
생각에 점수 매기기			
인지적 왜곡 찾기			
자기패배적 신념 찾기			
긍정적 셀프 톡 찾기			
현실적 해결방안 모색하기			
긍정적인 방향으로 주의 전환하기			
수다 떨기, 속마음 말하기, 녹음이나 일기 쓰기			
즐거운 활동하기			
운동하기, 햇빛 쬐기			
집안일 하기			
가족이나 친구에게 전화하기			
감사하기			
심호흡하기, 명상하기			
성공을 위한 한 걸음			
추가:			

| 오늘의 핵심 사건: | | | 4일차 |
| 그때의 생각과 감정: | | | |
항목	실천	내용	다짐
뇌의 거짓말 찾기			
생각에 점수 매기기			
인지적 왜곡 찾기			
자기패배적 신념 찾기			
긍정적 셀프 톡 찾기			
현실적 해결방안 모색하기			
긍정적인 방향으로 주의 전환하기			
수다 떨기, 속마음 말하기, 녹음이나 일기 쓰기			
즐거운 활동하기			
운동하기, 햇빛 쬐기			
집안일 하기			
가족이나 친구에게 전화하기			
감사하기			
심호흡하기, 명상하기			
성공을 위한 한 걸음			
추가:			

| 오늘의 핵심 사건: | | | 5일차 |
| 그때의 생각과 감정: | | | |
항목	실천	내용	다짐
뇌의 거짓말 찾기			
생각에 점수 매기기			
인지적 왜곡 찾기			
자기패배적 신념 찾기			
긍정적 셀프 톡 찾기			
현실적 해결방안 모색하기			
긍정적인 방향으로 주의 전환하기			
수다 떨기, 속마음 말하기, 녹음이나 일기 쓰기			
즐거운 활동하기			
운동하기, 햇빛 쬐기			
집안일 하기			
가족이나 친구에게 전화하기			
감사하기			
심호흡하기, 명상하기			
성공을 위한 한 걸음			
추가:			

| 오늘의 핵심 사건: | | | |
| 그때의 생각과 감정: | | | 6일차 |

항목	실천	내용	다짐
뇌의 거짓말 찾기			
생각에 점수 매기기			
인지적 왜곡 찾기			
자기패배적 신념 찾기			
긍정적 셀프 톡 찾기			
현실적 해결방안 모색하기			
긍정적인 방향으로 주의 전환하기			
수다 떨기, 속마음 말하기, 녹음이나 일기 쓰기			
즐거운 활동하기			
운동하기, 햇빛 쬐기			
집안일 하기			
가족이나 친구에게 전화하기			
감사하기			
심호흡하기, 명상하기			
성공을 위한 한 걸음			
추가:			

오늘의 핵심 사건:			7일차
그때의 생각과 감정:			
항목	실천	내용	다짐
뇌의 거짓말 찾기			
생각에 점수 매기기			
인지적 왜곡 찾기			
자기패배적 신념 찾기			
긍정적 셀프 톡 찾기			
현실적 해결방안 모색하기			
긍정적인 방향으로 주의 전환하기			
수다 떨기, 속마음 말하기, 녹음이나 일기 쓰기			
즐거운 활동하기			
운동하기, 햇빛 쬐기			
집안일 하기			
가족이나 친구에게 전화하기			
감사하기			
심호흡하기, 명상하기			
성공을 위한 한 걸음			
추가:			

오늘의 핵심 사건:			
그때의 생각과 감정:			8일차
항목	실천	내용	다짐
뇌의 거짓말 찾기			
생각에 점수 매기기			
인지적 왜곡 찾기			
자기패배적 신념 찾기			
긍정적 셀프 톡 찾기			
현실적 해결방안 모색하기			
긍정적인 방향으로 주의 전환하기			
수다 떨기, 속마음 말하기, 녹음이나 일기 쓰기			
즐거운 활동하기			
운동하기, 햇빛 쬐기			
집안일 하기			
가족이나 친구에게 전화하기			
감사하기			
심호흡하기, 명상하기			
성공을 위한 한 걸음			
추가:			

오늘의 핵심 사건: 그때의 생각과 감정:			9일차
항목	실천	내용	다짐
뇌의 거짓말 찾기			
생각에 점수 매기기			
인지적 왜곡 찾기			
자기패배적 신념 찾기			
긍정적 셀프 톡 찾기			
현실적 해결방안 모색하기			
긍정적인 방향으로 주의 전환하기			
수다 떨기, 속마음 말하기, 녹음이나 일기 쓰기			
즐거운 활동하기			
운동하기, 햇빛 쬐기			
집안일 하기			
가족이나 친구에게 전화하기			
감사하기			
심호흡하기, 명상하기			
성공을 위한 한 걸음			
추가:			

오늘의 핵심 사건: 그때의 생각과 감정:			
항목	실천	내용	다짐
뇌의 거짓말 찾기			
생각에 점수 매기기			
인지적 왜곡 찾기			
자기패배적 신념 찾기			
긍정적 셀프 톡 찾기			
현실적 해결방안 모색하기			
긍정적인 방향으로 주의 전환하기			
수다 떨기, 속마음 말하기, 녹음이나 일기 쓰기			
즐거운 활동하기			
운동하기, 햇빛 쬐기			
집안일 하기			
가족이나 친구에게 전화하기			
감사하기			
심호흡하기, 명상하기			
성공을 위한 한 걸음			
추가:			

10일차

오늘의 핵심 사건:
그때의 생각과 감정:

11일차

항목	실천	내용	다짐
뇌의 거짓말 찾기			
생각에 점수 매기기			
인지적 왜곡 찾기			
자기패배적 신념 찾기			
긍정적 셀프 톡 찾기			
현실적 해결방안 모색하기			
긍정적인 방향으로 주의 전환하기			
수다 떨기, 속마음 말하기, 녹음이나 일기 쓰기			
즐거운 활동하기			
운동하기, 햇빛 쬐기			
집안일 하기			
가족이나 친구에게 전화하기			
감사하기			
심호흡하기, 명상하기			
성공을 위한 한 걸음			
추가:			

			12일차
오늘의 핵심 사건: 그때의 생각과 감정:			
항목	실천	내용	다짐
뇌의 거짓말 찾기			
생각에 점수 매기기			
인지적 왜곡 찾기			
자기패배적 신념 찾기			
긍정적 셀프 톡 찾기			
현실적 해결방안 모색하기			
긍정적인 방향으로 주의 전환하기			
수다 떨기, 속마음 말하기, 녹음이나 일기 쓰기			
즐거운 활동하기			
운동하기, 햇빛 쬐기			
집안일 하기			
가족이나 친구에게 전화하기			
감사하기			
심호흡하기, 명상하기			
성공을 위한 한 걸음			
추가:			

오늘의 핵심 사건:
그때의 생각과 감정:

13일차

항목	실천	내용	다짐
뇌의 거짓말 찾기			
생각에 점수 매기기			
인지적 왜곡 찾기			
자기패배적 신념 찾기			
긍정적 셀프 톡 찾기			
현실적 해결방안 모색하기			
긍정적인 방향으로 주의 전환하기			
수다 떨기, 속마음 말하기, 녹음이나 일기 쓰기			
즐거운 활동하기			
운동하기, 햇빛 쬐기			
집안일 하기			
가족이나 친구에게 전화하기			
감사하기			
심호흡하기, 명상하기			
성공을 위한 한 걸음			
추가:			

오늘의 핵심 사건: 그때의 생각과 감정:			
항목	실천	내용	다짐
뇌의 거짓말 찾기			
생각에 점수 매기기			
인지적 왜곡 찾기			
자기패배적 신념 찾기			
긍정적 셀프 톡 찾기			
현실적 해결방안 모색하기			
긍정적인 방향으로 주의 전환하기			
수다 떨기, 속마음 말하기, 녹음이나 일기 쓰기			
즐거운 활동하기			
운동하기, 햇빛 쬐기			
집안일 하기			
가족이나 친구에게 전화하기			
감사하기			
심호흡하기, 명상하기			
성공을 위한 한 걸음			
추가:			

오늘의 핵심 사건:			15일차
그때의 생각과 감정:			
항목	실천	내용	다짐
뇌의 거짓말 찾기			
생각에 점수 매기기			
인지적 왜곡 찾기			
자기패배적 신념 찾기			
긍정적 셀프 톡 찾기			
현실적 해결방안 모색하기			
긍정적인 방향으로 주의 전환하기			
수다 떨기, 속마음 말하기, 녹음이나 일기 쓰기			
즐거운 활동하기			
운동하기, 햇빛 쬐기			
집안일 하기			
가족이나 친구에게 전화하기			
감사하기			
심호흡하기, 명상하기			
성공을 위한 한 걸음			
추가:			

| 오늘의 핵심 사건: | | | 16일차 |
그때의 생각과 감정:			
항목	실천	내용	다짐
뇌의 거짓말 찾기			
생각에 점수 매기기			
인지적 왜곡 찾기			
자기패배적 신념 찾기			
긍정적 셀프 톡 찾기			
현실적 해결방안 모색하기			
긍정적인 방향으로 주의 전환하기			
수다 떨기, 속마음 말하기, 녹음이나 일기 쓰기			
즐거운 활동하기			
운동하기, 햇빛 쬐기			
집안일 하기			
가족이나 친구에게 전화하기			
감사하기			
심호흡하기, 명상하기			
성공을 위한 한 걸음			
추가:			

오늘의 핵심 사건: 그때의 생각과 감정:			17일차
항목	실천	내용	다짐
뇌의 거짓말 찾기			
생각에 점수 매기기			
인지적 왜곡 찾기			
자기패배적 신념 찾기			
긍정적 셀프 톡 찾기			
현실적 해결방안 모색하기			
긍정적인 방향으로 주의 전환하기			
수다 떨기, 속마음 말하기, 녹음이나 일기 쓰기			
즐거운 활동하기			
운동하기, 햇빛 쬐기			
집안일 하기			
가족이나 친구에게 전화하기			
감사하기			
심호흡하기, 명상하기			
성공을 위한 한 걸음			
추가:			

오늘의 핵심 사건: 그때의 생각과 감정:			18일차
항목	실천	내용	다짐
뇌의 거짓말 찾기			
생각에 점수 매기기			
인지적 왜곡 찾기			
자기패배적 신념 찾기			
긍정적 셀프 톡 찾기			
현실적 해결방안 모색하기			
긍정적인 방향으로 주의 전환하기			
수다 떨기, 속마음 말하기, 녹음이나 일기 쓰기			
즐거운 활동하기			
운동하기, 햇빛 쬐기			
집안일 하기			
가족이나 친구에게 전화하기			
감사하기			
심호흡하기, 명상하기			
성공을 위한 한 걸음			
추가:			

오늘의 핵심 사건:			
그때의 생각과 감정:			19일차
항목	실천	내용	다짐
뇌의 거짓말 찾기			
생각에 점수 매기기			
인지적 왜곡 찾기			
자기패배적 신념 찾기			
긍정적 셀프 톡 찾기			
현실적 해결방안 모색하기			
긍정적인 방향으로 주의 전환하기			
수다 떨기, 속마음 말하기, 녹음이나 일기 쓰기			
즐거운 활동하기			
운동하기, 햇빛 쬐기			
집안일 하기			
가족이나 친구에게 전화하기			
감사하기			
심호흡하기, 명상하기			
성공을 위한 한 걸음			
추가:			

오늘의 핵심 사건: 그때의 생각과 감정:			20일차
항목	실천	내용	다짐
뇌의 거짓말 찾기			
생각에 점수 매기기			
인지적 왜곡 찾기			
자기패배적 신념 찾기			
긍정적 셀프 톡 찾기			
현실적 해결방안 모색하기			
긍정적인 방향으로 주의 전환하기			
수다 떨기, 속마음 말하기, 녹음이나 일기 쓰기			
즐거운 활동하기			
운동하기, 햇빛 쬐기			
집안일 하기			
가족이나 친구에게 전화하기			
감사하기			
심호흡하기, 명상하기			
성공을 위한 한 걸음			
추가:			

오늘의 핵심 사건: 그때의 생각과 감정:			21일차
항목	실천	내용	다짐
뇌의 거짓말 찾기			
생각에 점수 매기기			
인지적 왜곡 찾기			
자기패배적 신념 찾기			
긍정적 셀프 톡 찾기			
현실적 해결방안 모색하기			
긍정적인 방향으로 주의 전환하기			
수다 떨기, 속마음 말하기, 녹음이나 일기 쓰기			
즐거운 활동하기			
운동하기, 햇빛 쬐기			
집안일 하기			
가족이나 친구에게 전화하기			
감사하기			
심호흡하기, 명상하기			
성공을 위한 한 걸음			
추가:			

에필로그 가볍게 수시로 행복한, 그런 삶을 위하여

유발 하라리의 《사피엔스》를 읽고 있을 때였다. 7만 년의 사피엔스 역사를 압축적으로 묘사해낸 그의 글은 '인간 역사의 대담하고 위대한 질문'이라는 부제답게 인류의 진화에서 시작하여 인류학, 경제학, 생물학, 심리학에 이르기까지 휘몰아치는 이야기를 전해 주었다.

그런데 행복에 관한 부분에서 나의 예상을 벗어나는 내용이 적혀 있었다. '화학적 행복'라는 소제목 파트에서 그는 우리의 정신 세계와 감정 세계는 생화학적 체제의 지배를 받으며, 기분을 결정하는 것은 '세로토닌'이라고 했다. 또한 행복에서 실질적인 중요성을 지닌 역사적 진전은 오직 하나로, 진정한 행복의 열쇠가 우리의 생화학적 시스템의 손에 달렸다고 했다.

행복에 대한 거대담론이 펼쳐질 줄 알았는데 고작 신경화합물 얘기로 결론이 나서 당황스러웠지만, 뒷부분의 설명을 읽고 처음보다는 이해가 되었다. 그는 대부분의 역사서가 사회적 구조의 변화, 제국의 흥망, 기술의 발견과 확산에 대해서는 많은 말을 하지만, 개인들의 행복과 고통에 어떤 영향을 미쳤

느냐에 대해서는 아무 것도 말해주지 않는다고 했다. 그러면서 "이것은 우리의 역사 이해에 남아있는 가장 큰 공백이다. 우리는 이 공백을 채워나가기 시작해야 할 것이다."라고 말했다.

그의 말은 개인의 행복에 관해 역사가들이 밝혀본 것이 없다는 뜻일 수도 있고 역사서에 담길 만한 획기적인 발견이 없다는 뜻일 수도 있겠는데, 앞에서 생화학적 시스템을 '오직 하나의 실질적인 중요성을 지닌 역사적 진전'이라고 지칭했던 것으로 봐서는 뒤의 해석에 더 무게가 실린다. 나는 그가 '화학적 행복'을 얘기한 것을 이렇게 받아들였다. 생화학적 시스템 외에는 개인의 행복에 관해 확실하게 말할 수 있는 게 아직 없으니, 지금은 일단 세로토닌이라도 많이 분비해야 하지 않냐는 비평적 뉘앙스로 말이다.

그로부터 몇 년 후, 그의 말에 동의하는 맥락의 책을 쓰게 되다니 기분이 묘하다. 하라리의 이론적 주장을 실제 치료 측면에서 생각해본다면 맞기도 하고, 틀리기도 하다. 아주 단적인 예를 들어 본다면 우울증 환자에게 신경전달물질을 투여했을 때, 낫는 사람도 있고 안 낫는 사람도 있기 때문이다. 임상 실제에서는 이론처럼 강력한 효과가 나타나지 않는 경우가 존재한다.

하지만 반이라도 맞다면 임상가가, 특히 환자 본인이 안 해볼 수가 없다. 무엇보다 '화학적 행복'은 치료 측면에서 굉장한

유용성이 있다. 행복이 신경전달물질의 작용이라는 걸 받아들일 때, 가장 좋은 점은 행복과 불행에 일희일비할 필요가 없다는 것이다.

원하는 것을 이루지 못했을 때의 실망감은 스트레스 호르몬 한 회 분량밖에 안 된다. 그러니 세로토닌을 더 많이 분비하기만 하면 된다. 그러면 뇌는 '화학적으로는' 행복하다고 판단하니까. 화학적 행복은 이미 도달했는데 계속 '아, 스트레스, 괴롭네, 미치겠네' 하면서 스트레스 호르몬을 2회, 3회 연속 분비하니 마음의 전쟁이 계속되는 것이다.

반대로, 바라던 일이 일어났을 때도 생각만큼 세로토닌이 오래 분비되지 않는다. 로또 당첨 후 6개월이 지나면 당첨 전의 상태로 돌아간다는 심리학 연구가 증명했듯이 말이다. 따라서 한번 거하게 행복했다고 끝낼 게 아니라 수시로 행복해야 된다. 다행히도 거하게 수시로 행복하기는 어렵지만 가볍게 수시로 행복하긴 쉽다. 더 다행인 것은 행복이 거하든 가볍든 세로토닌은 차별하지 않는다는 것이다. 이 책을 쓴 이유이다.

물론 나는 행복을 약 한 알 먹는 방법이 아닌, 심리적 노력으로 이루자고 주장한다. 그리고 그렇게 해야만 한다. 부작용이 없고 효과가 지속적이며 좀 더 근본적인 수준에서 회복되기 때문이다. 우울증 약은 우울감을 감소시켜주기는 하지만, 당신의 삶에 즐거움을 가져다주지는 못한다. 무엇보다도 우울증을 일으킨 원인 자체를 없애주지는 못한다. 이 부분은 스스로 채워야 하는 부분이다.

행복의 현실을 냉정하게 직시하자. 사랑한다는 고백을 듣기 전, 웨딩마치가 울리기 전, 아이가 태어나기 전, 합격 통지를 받기 전의 감정이 가장 기쁜 것이었다. 막상 이루고 나면 내려갈 일밖에 없다. 또 그 속도는 얼마나 빠르던가. 부부 간의 애정이 식는 이유가 사랑 호르몬의 유효기간이 3년을 넘지 않아서라는 말이 나오는 게 다 이유가 있다. 그렇다면 호르몬이나 신경전달물질 수치에 좌우될 정도로 행복감의 지속이 짧고 가변적이라는 걸 차라리 인정하고, 좋은 물질이 계속 분비되도록 마음을 다잡는 게 지금으로서는 최선의 방법이다. 역사서에 실릴 만한 사회적, 국가적 행복 시스템이 만들어지기 전까지는 말이다.

빌 브라이슨은 《바디》에서 인간 뇌는 그렇게까지 고기능일 필요가 없다는 '발칙한' 발언을 했다. "지구에서 생존하기 위해서 음악을 작곡하고 철학에 빠질 수 있는 능력까지는 필요하지 않으며 그저 네 발 동물보다 조금 더 뛰어나기만 하면 되는데, 우리는 왜 진정으로 굳이 필요하지 않은 정신적 능력을 갖추기 위해서 그토록 많은 에너지를 투자하고 위험을 무릅쓰는 것일까?"라는 질문도 한다.

나는 답을 생각해본다. 마음 약사가 되기 위해서라고. 음악을 작곡할 건 아니지만 음악을 이해하고, 철학을 잘할 건 아니지만 철학을 이해해서 당신의 행복에 관심 없는 세상으로부터 당신을 지키고 평화롭게 살기 위해서라고. 음치여도 되고 철학자 이름 하나 제대로 몰라도 되지만, 적어도 자신의 마음 하나는 남의 손 빌리지 않고 다스려 보기 위해서라고.

간절히 펼쳐지기를 바랐던 돛이 여전히 접혀 있고 심지어 찢어졌다면 소소한 즐거움이 있는 곳에 잠시 머물러 평안을 회복하자. 그러면 당신이 정말로 마음 쏟아야 할 것, 그리고 당신을 정말로 소중하게 여기는 존재가 누구인지를 알게 될 것이다. 그리고 다른 돛을 올려 항해를 계속해 보자. 당신이 누군가의 행복에 도움되는 일들을 한다면 정말 멋진 일이다. 하지만 당신은 남에게 행복을 의존하지 않겠다고 마음먹어보자. 그러면 삶이 가벼워지고 어떤 돛을 계속 달고 갈지 버려야 할지 선명하게 판단이 될 것이다. 우울에서 벗어나려면 삶이 가벼워야 한다.

삶을 가볍게 하면서도 행복할 수 있는 방법을 찾아본다고 했지만 공백들이 많다. 계속 고민해보겠다는 말로 미흡함을 대신하며, 이 공백들을 당신의 행복으로 채웠으면 좋겠다. 뇌세포(뉴런)는 작고 치밀하며, 서로 다닥다닥 붙어 있는 일반 세포들과 달리 긴 전선처럼 생겼고, 한 세포에서 다른 세포로 전기 신호를 전달하며, 세포와 세포 사이에 틈이 있다. 이 틈 사이로 정보가 전달된다. 뒤의 세포는 앞의 세포로부터 오는 정보를 받아들일 준비를 하며 커서처럼 늘 깜빡이고 있다.

이 틈을 당신의 좋은 생각들로 채우면 빨리 행복을 찾을 것이다. 당신이 하지 않으면 남의 생각들이 이 틈을 점령할 것이다. 이 틈새는 신이 주신 축복의 공백이다. 당신이 이 축복을 놓치지 않았으면 좋겠다.

1부 당신은 이미 마음 약사이다

- 제임스 보그 지음, 정향 옮김, 《마음의 힘》, 한스미디어(2011)
- 캐롤 하트 지음, 최명희 옮김, 《세로토닌의 비밀》, 미다스북스(2010)
- 마크 맨슨 지음, 한재호 옮김, 《희망 버리기 기술》, 갤리온(2019)
- 데이비드 번스 지음, 이미옥, 차익종 옮김, 《필링 굿》, 아름드리미디어(2011)
- 대니얼 G. 에이멘 지음, 김승환 옮김, 《뇌는 답을 알고 있다》, 부키(2010)
- 제프리 슈워츠, 레베카 글래딩 지음, 이상원 옮김, 《뇌는 어떻게 당신을 속이는가》, 갈매나무(2012)

2부 스스로 행복을 조제하는 마음 약국

- 칼라 스타 지음, 장석훈 옮김, 《운의 탄생》, 청림출판(2019)
- 마시 시모프, 캐럴 클라인 지음, 안진환 옮김, 《이유 없이 행복하라》, 황금가지(2009)
- 미라 커센바움 지음, 장은재 옮김, 《뜨겁게 사랑하거나 쿨하게 떠나거나》, 라의눈(2016)
- 로버트 치알디니 지음, 김경일 옮김, 《초전 설득》, 21세기북스(2018)
- 베셀 반 데어 콜크 지음, 제효영 옮김, 《몸은 기억한다》, 을유문화사(2016)
- 캔더스 B. 퍼트 지음, 김미선 옮김, 《감정의 분자》, 시스테마(2009)
- 앨릭스 코브 지음, 정지인 옮김, 《우울할 땐 뇌과학》, 심심(2018)
- 소냐 류보머스키 지음, 이지연 옮김, 《행복의 신화》, 지식노마드(2013)
- 리처드 J. 데이비드슨, 샤론 베글리 지음, 곽윤정 옮김, 《너무 다른 사람들》, 알키(2012)

3부 마음 약국의 생활 밀착 처방전

- 엘리자베스 길버트 지음, 노진선 옮김, 《먹고 기도하고 사랑하라》, 민음사(2017)
- 프랑수아 를로르 지음, 오유란 옮김, 《꾸뻬 씨의 행복 여행》, 오래된미래(2004)
- 엘리자베스 길버트 지음, 박소현 옮김, 《빅매직》, 민음사(2017)

- 로버트 마우어 지음, 장원철 옮김, 《아주 작은 반복의 힘》, 스몰빅라이프(2016)
- 이시형 지음, 《세로토닌하라!》, 중앙북스(2010)
- 스티븐 R. 건드리 지음, 박선영 옮김, 《오래도록 젊음을 유지하고 건강하게 죽는 법》, 브론스테인(2019)
- 아리아나 허핑턴 지음, 정준희 옮김, 《수면 혁명》, 민음사(2016)
- 미첼 L. 게이너 지음, 천시아 옮김, 《사운드 힐링 파워》, 젠북(2015)
- 기 코르노 지음, 김성희 옮김, 《생의 마지막 순간, 마주하게 되는 것들》, 쌤앤파커스(2012)
- 조 머천트 지음, 김경영 옮김, 《기적의 치유력》, RHK(2016)
- 가바사와 시온 지음, 오시연 옮김, 《당신의 뇌는 최적화를 원한다》, 쌤앤파커스(2018)
- 제임스 보그 지음, 정향 옮김, 《마음의 힘》, 한스미디어(2011)
- 제니스 캐플런, 바나비 마쉬 지음, 김은경 옮김, 《나는 오늘도 행운을 준비한다》, 위너스북(2020)
- 이현수 지음, 《오늘도, 골든 땡큐》, 김영사(2016)
- 제니스 캐플런, 바나비 마쉬 지음, 김은경 옮김, 《나는 오늘도 행운을 준비한다》, 위너스북(2020)
- 바버라 브래들리 해거티 지음, 박상은 옮김, 《인생의 재발견》, 스몰빅인사이트(2017)
- 미첼 L. 게이너 지음, 천시아 옮김, 《사운드 힐링 파워》, 젠북(2015)
- 제임스 힐먼 지음, 주민아 옮김, 《나는 무엇을 원하는가》, 토네이도(2013)
- 팀 페리스 지음, 박선령, 정지현 옮김, 《지금 하지 않으면 언제 하겠는가》, 토네이도(2018)
- 네이딘 버크 해리스 지음, 정지인 옮김, 《불행은 어떻게 질병으로 이어지는가》, 심심(2019)
- 베셀 반 데어 콜크 지음, 제효영 옮김, 《몸은 기억한다》, 을유문화사(2016)
- 소냐 류보머스키 지음, 이지연 옮김, 《행복의 신화》, 지식노마드(2013)
- 조 머천트 지음, 김경영 옮김, 《기적의 치유력》, RHK(2016)

에필로그 가볍게 수시로 행복한, 그런 삶을 위하여

- 유발 하라리 지음, 조현욱 옮김, 《사피엔스》, 김영사(2015)
- 빌 브라이슨 지음, 이한음 옮김, 《바디》, 까치(2020)

마음
약국

1판 1쇄 발행 2020년 10월 8일
1판 2쇄 발행 2020년 12월 22일

지은이 이현수

발행인 양원석
편집장 최혜진
영업마케팅 윤우성, 박소정, 김보미
펴낸 곳 ㈜알에이치코리아
주소 서울시 금천구 가산디지털2로 53, 20층 (가산동, 한라시그마밸리)
편집문의 02-6443-8892   **도서문의** 02-6443-8800
홈페이지 http://rhk.co.kr
등록 2004년 1월 15일 제2-3726호

ISBN 978-89-255-9167-4 (03180)